汽车维修与保养60关键点

[法] 休伯特·曼特（Hubert Mèmeteau）
布鲁诺·科隆比（Bruno Collomb） 著
王燕云 译

机 械 工 业 出 版 社

今天，电子电气系统已经广泛应用于汽车中，要想维修与保养好汽车，必须掌握全面的技术与技能尤其要掌握关键技能。一名称职的汽车维修人员就如同一名汽车医生，必须掌握汽车各个系统的拆卸、安装、检查、修理以及调试。除了应该掌握汽车的基本保养技术（润滑系统的检查、发动机机油的更换、汽车主要构件的检查等），还必须掌握发动机、变速器、离合器、车轴等方面的专业知识。本书针对汽车60个关键问题，来介绍汽车修理保养方面的实用知识。这60个关键问题的每一个问题都如同一个综合知识库，使读者轻松掌握学习重点，如目的、设备、耗材、相关资料文献、工作机构、修理的实施、各种检查及措施等。

图书在版编目（CIP）数据

汽车维修与保养60关键点/（法）曼特，（法）科隆比著；王燕云译.
—北京：机械工业出版社，2016.1
ISBN 978-7-111-52492-2

Ⅰ.①汽…　Ⅱ.①曼…　②科…　③王…　Ⅲ.①汽车-车辆修理
②汽车-车辆保养　Ⅳ.①U472

中国版本图书馆CIP数据核字（2015）第315424号

机械工业出版社（北京市百万庄大街22号　　邮政编码100037）
策划编辑：何士娟　责任编辑：何士娟
版式设计：霍永明　责任校对：肖　琳
封面设计：张　静　责任印制：李　洋
北京机工印刷厂印刷（三河市南杨庄国丰装订厂装订）
2016年3月第1版第1次印刷
169mm×239mm・8.25印张・183千字
0001—4000册
标准书号：ISBN 978-7-111-52492-2
定价：29.80元

凡购本书，如有缺页、倒页、脱页，由本社发行部调换

电话服务	网络服务
服务咨询热线：010-88361066	机 工 官 网：www.cmpbook.com
读者购书热线：010-68326294	机 工 官 博：weibo.com/cmp1952
010-88379203	金 书 网：www.golden-book.com
封面无防伪标均为盗版	教育服务网：www.cmpedu.com

前　言

为什么要写这本书?

随着电子电器设备在汽车上的普及应用，对汽车维修人员的维修能力也有了新的要求。汽车维修人员，可以称之为汽车的私家医生，从汽车拆卸、检查，到维修、调节，需要全面的维修技能。一名优秀的维修人员，除了全面掌握常规的维修保养（润滑、加注、排空管路等）方法外，还应能够对比较复杂的系统进行操作，如发动机、变速器、离合器、轮毂等。

本书详述了各系统维修保养60个关键点，希望通过本书，维修人员能掌握专业的汽车维修工作方法，形成自己良好的工作、方法与习惯。

它适用于哪些人群?

▶ 汽车专业维修人员

不论是经过专业技能教育，还是半路入行，本书都可以作为其良师益友，指导其实际工作。

▶ 希望自己动手维修车辆的车主

书内介绍的方法步骤和成本较低的工具及材料，也可以作为参考。

如何使用本书?

本书按照汽车不同的系统，分主题介绍了相关操作实例，主要有下列10个主题:

- ▶ 文件资料和工具工装
- ▶ 发动机
- ▶ 喷射系统
- ▶ 点火系统
- ▶ 传动系统
- ▶ 制动系统
- ▶ 车辆安全与舒适性

- 悬架系统
- 车轮与车桥
- 电气系统

另外，针对每一个主题，又总结其关键点进行系统的说明，使维修人员了解完成一项维修操作的流程与方法：

- 该项维修操作的目标
- 该项操作所需要的工具、资料、材料
- 维修前的准备工作
- 如何进行维修
- 如何进行相关检查和测量
- 有哪些注意事项

本书还附有检查记录表模板，供记录测量和检查的数值，建议将其保存起来，在以后的很多维修操作中都可以使用。

除此之外，还有专门针对车间废弃材料如何处理的说明。在今天以“节能，环保”为主题的社会，了解如何储存、处理废弃材料来避免环境污染，减少安全风险，是非常重要的。

希望本书能够成为您实用的工具书。因水平有限，书中有不妥或错误之处，还请广大读者批评指正。

目 录

目　录

喷射系统

点火系统

传动系统

目录

制动系统

车辆安全与舒适

悬架系统

目 录

车轮车桥

电气系统

故障的查找与分析 1

本节目标

☐ 观察故障特征，分析逻辑推演，找出故障出现的根本原因

☐ 充分利用技术文件，设计诊断步骤，消除故障

相关工具、资料

☐ 技术文件

☐ 查找、分析故障所需的工具设备

故障查找与分析的几个步骤

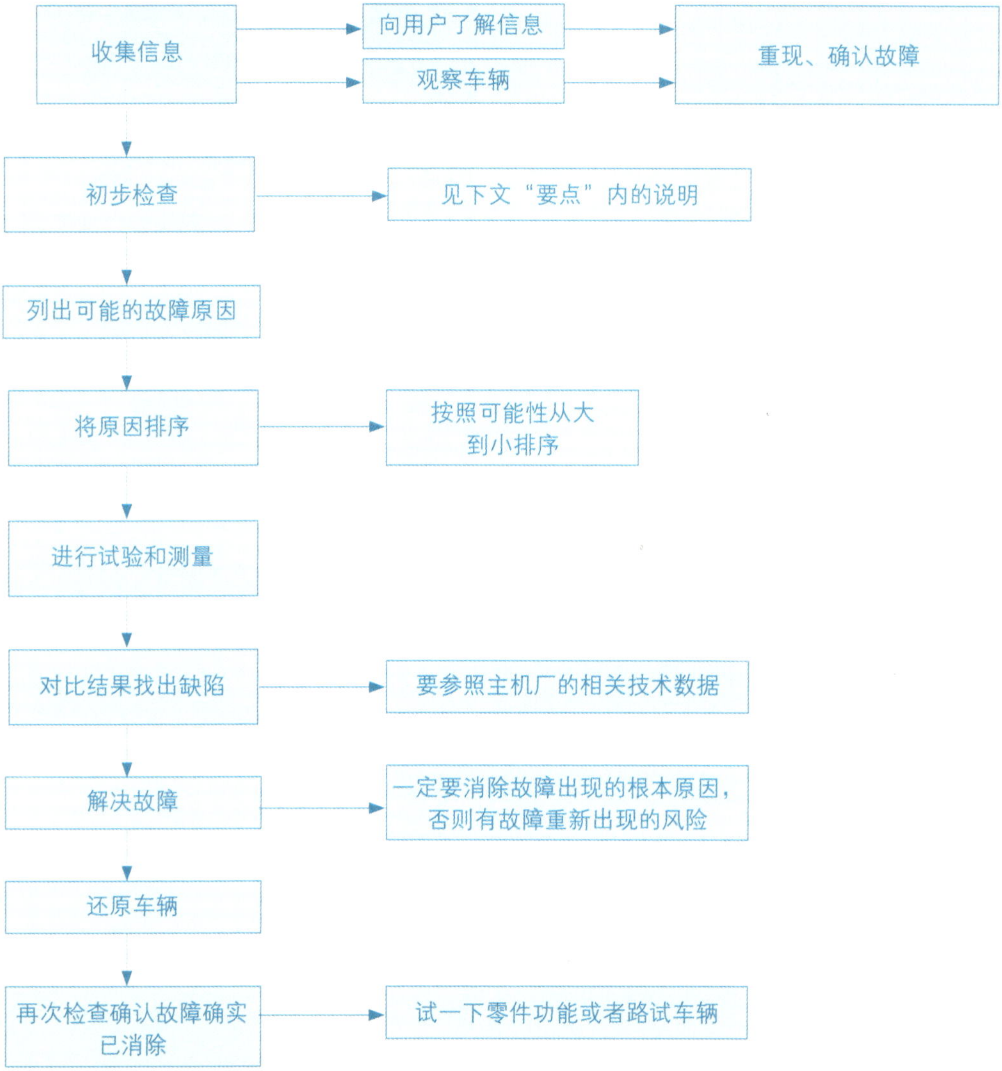

向用户收集信息时，注意提问要恰当，能够引导客户全面详细地回答：

- 故障出现时有什么现象?
- 故障出现时是哪位在驾驶？哪位发现的这个故障？这段时间有谁操作过车辆吗（用户、维修店等）?
- 什么路况下出现的该故障?
- 什么时间出现的该故障（早晨、晚间、雨天等）？第一次出现该故障是什么时候?
- 故障出现时驾驶状态是怎么样的?
- 这个故障经常出现吗？耗油量有没有异常?

要想查找故障原因，首先要：

- 了解系统的工作运行原理
- 理解系统的运行与哪些零件相关
- 了解零件布置
- 知晓使用哪些工具
- 知晓如何检查故障零件

要点

应优先检查：

- 发动机机油、燃油、冷却液、蓄电池、制动液状态是否正常。
- 传动带、橡胶管是否完好。
- 蓄电池、插头是否连接良好。
- 仪表板上指示灯是何状态。

另外，发动机排气的颜色也是重要线索：

- 排气呈白色，水分大：发动机冷态下是正常的，如果热态下仍然如此，至少可以肯定缸垫有裂纹（有裂纹会导致冷却液消耗变大）。
- 气体呈蓝色或偏黑色：气缸和活塞环磨损超限（磨损超限会导致耗油量变大）。
- 气体呈黑色：空气滤清器堵塞，导致空燃比太低（燃油燃烧异常），EGR装置卡住。

工具的选择与使用 2

本节目标

- ☐ 了解简单类维修会用到的一些普通工具
- ☐ 了解复杂类维修会用到的一些专用工具

相关工具、资料

- ☐ 工具目录或电子清单，供查询、选择工具
- ☐ 所需工具清单
- ☐ 工具盒

普通工具

扳手类

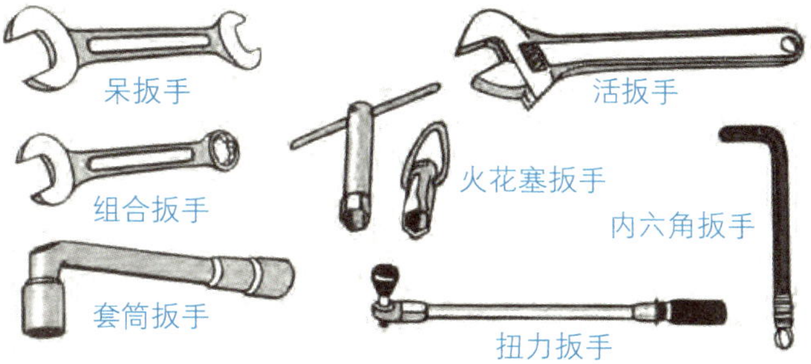

套筒工具盒

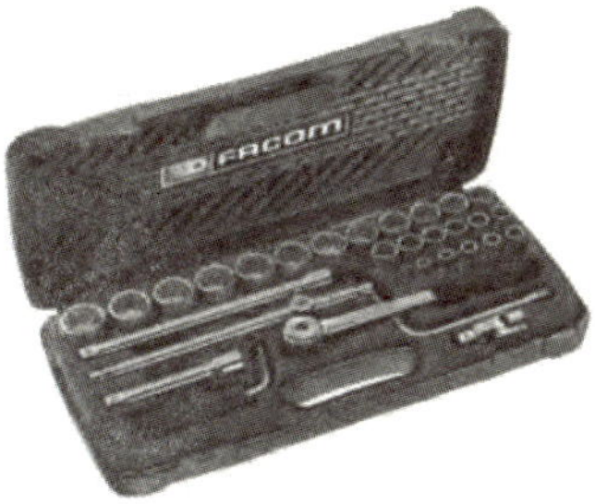

钳子类

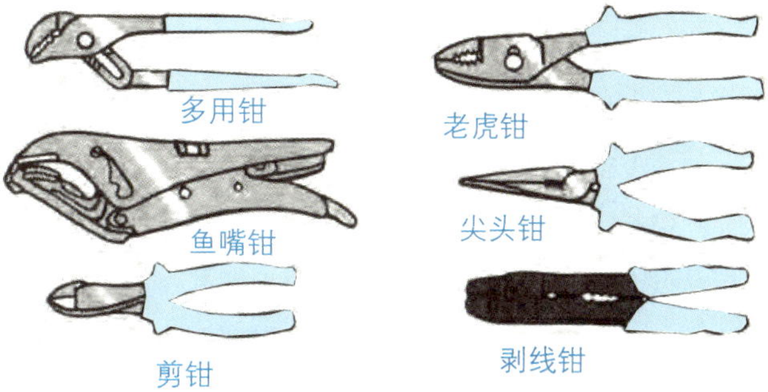

螺钉旋具类

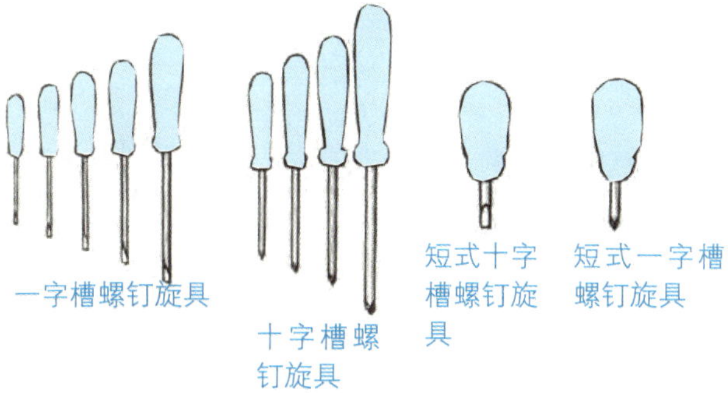

保养工具类

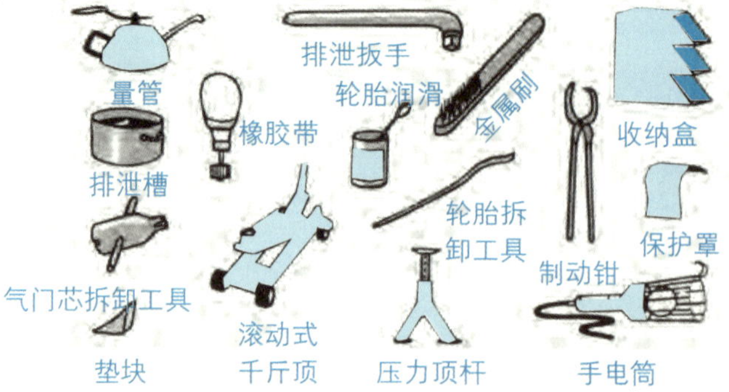

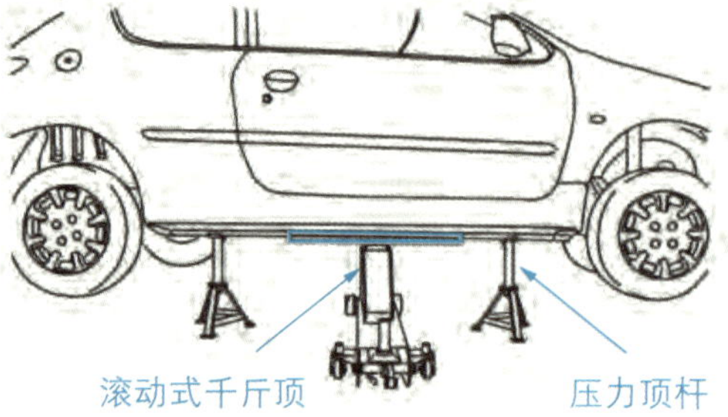

测量设备类

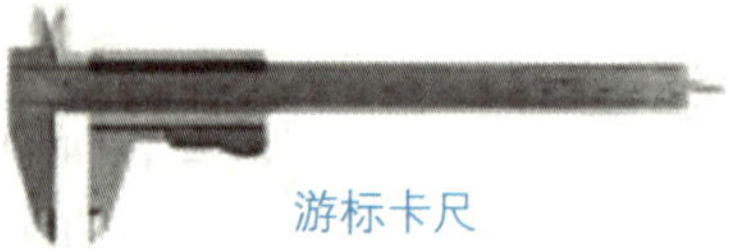
游标卡尺

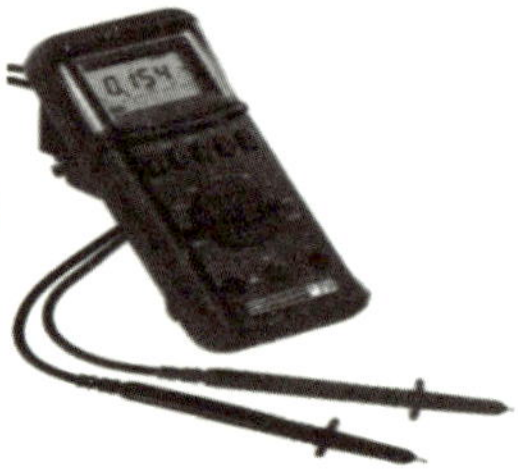
万用表

专用工具

诊断仪

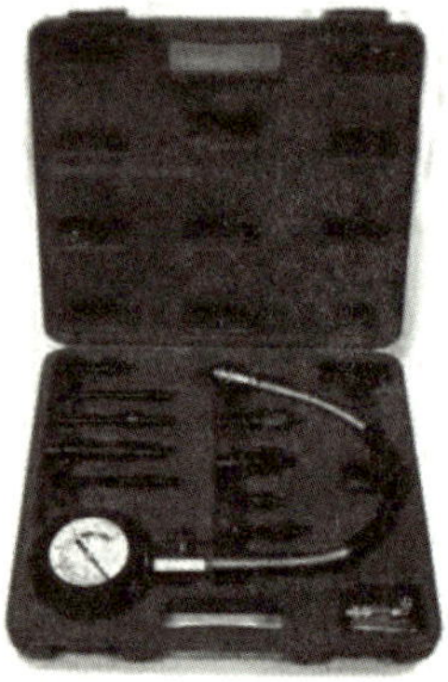
缸压表

弹簧压缩器

要点

日常工具可以用于简单的维修，专用工具对复杂类维修至关重要。

维修的组织安排 3

本节目标

- ☐ 系统有序地组织、安排维修工作
- ☐ 提高维修效率，保证维修效果
- ☐ 避免人身伤害

相关工具、资料

- ☐ 与维修相关的文件
- ☐ 车辆技术文件

准备维修

信息确认

- ▶ 检查故障、拟定初步维修方案
- ▶ 找出相应的维修操作工艺文件
- ▶ 查阅
  - 技术文件
  - 记录下主机厂数值
  - 拧紧力矩值
- ▶ 确认必要的工装、工具是否到位

场地准备

- ▶ 清理维修区域
- ▶ 整理维修工作台
- ▶ 安放好主要工具
- ▶ 准备车辆:
  - 去掉车罩
  - 在座椅、地毯、转向盘、翼子板等处罩上保护套

开始维修

① 清扫干净维修区域。

② 如果要抬起车辆，在前纵梁或后纵梁处放置千斤顶，抬起车辆。

- 在车身牵引钩处放置前置顶杆。
- 松开千斤顶。
- 在车另一边重复此操作。

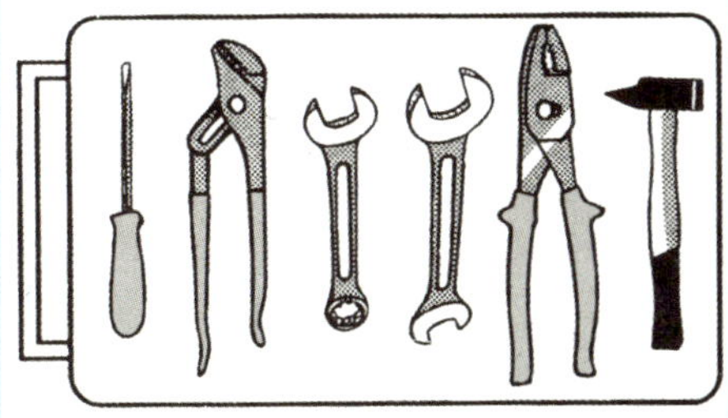

工作台

- 确保车辆固定良好。
- 拆卸车轮。

③ 如果要清空液体，则提前准备好体积相当的容器，防止液体溢出。

④ 用24V直流电手电筒照明或者充电手电筒照明（220V电压有触电风险）。

检查

维修完成后：

① 按规定力矩拧紧螺钉、螺母、装好卡环。

② 检查各液体的液位。

③ 检查轮胎和胎压。

④ 试驾车辆。

⑤ 必要时检查是否有泄漏。

⑥ 清理、清洗工作台。

要点：

如果没有针对维修车辆的技术文件或者缺少必要的维修工具，建议暂不维修。本节内容适用于后续所有章节的维修操作。

保护罩

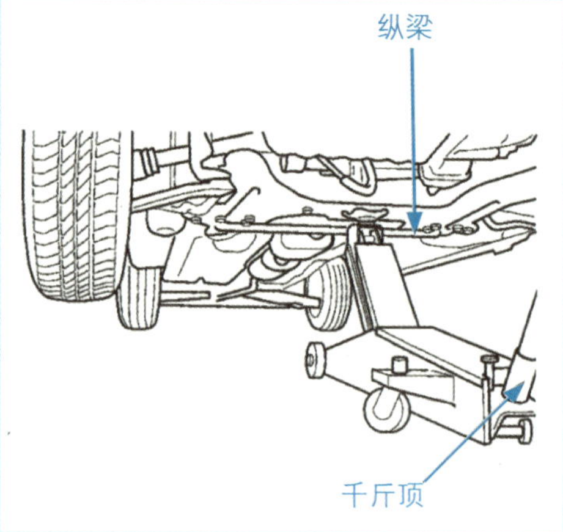

抬起车辆示意图

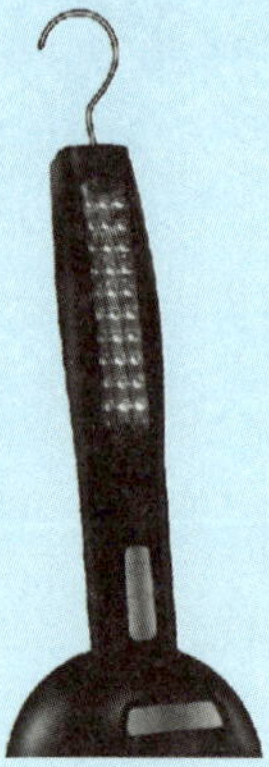
手电筒

固定类维修操作技巧 4

本节目标

☐ 了解维修操作的一些基本安全规则，避免对维修人员、零件、工具造成损坏

相关工具、资料

☐ 与拧紧力矩相关的技术文件

☐ 维修工具

准备维修

了解螺栓基本信息

- 1个螺栓+1个螺母共同使用
- 根据螺栓头部的形状，分为六角形、空心六角形、沉头形等
- 螺柱的拧紧是通过两个螺母的紧固而实现的，松开方式类似于螺钉，要注意方向
- 螺距是两个相邻螺纹之间的距离。注意：螺栓螺钉可能是标准化螺距，也有可能不是，拧紧之前检查下螺距标准

进行维修

松开

① 使用内六角扳手或六角套筒，如果进入困难的话，则使用单头螺母扳手。呆扳手不适合头部太窄的螺钉。

② 如果想增大操作力，可以使用加长杆或套筒扳手，但是拧紧的时候不要使用。另外，不要使用棘轮，因为可能会损坏里面的飞轮。

③ 根据所用工具部位，选择舒适的操作位置。

螺栓、螺母

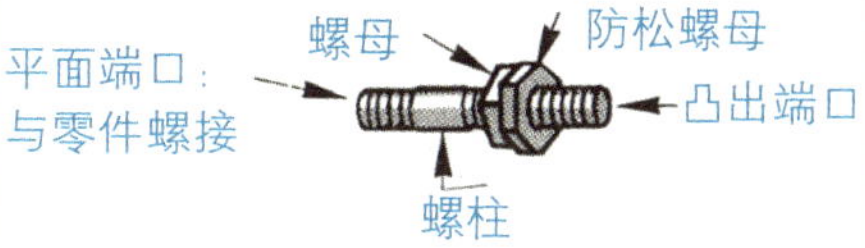

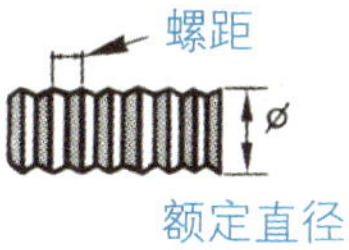

增大操作力

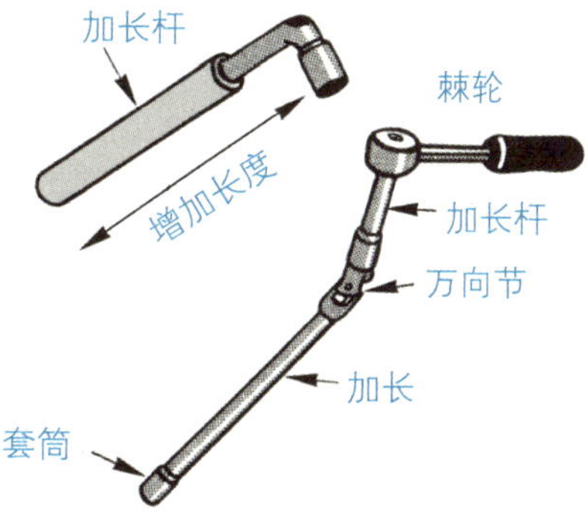

选择舒适的操作位置

如果是一字槽螺钉，应选用头部宽度与开槽长度一致的一字槽螺钉旋具。

拧紧

① 如果一个零件上有多个螺钉需要拧紧，则取来所有相关螺钉，摆放在手旁边，不要拧完一个而其他螺钉还未准备好。

② 遵循技术文件内拧紧力矩值。如技术文件内明确规定了力矩值，应使用扭力扳手。拧紧力矩的单位是N·m或daN·m。

固定

① 针对如未拧紧就会有危险的零部件，一般均没有保护设置，如连杆、转向件、制动件，每次拆卸后均需更换保护用零件

② 传统式螺母，应装配一个平垫圈或扇形垫圈或者两者均安装

③ 还有一种叫做“螺纹胶”的产品，可以保持零件锁止的状态，如将螺母锁止在螺纹上

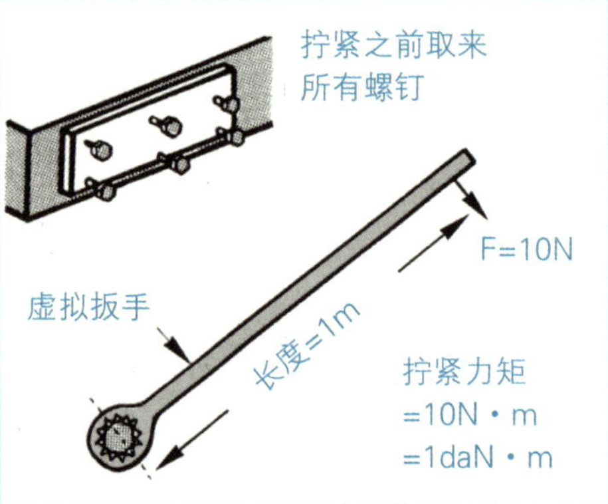

扭力扳手

要点：

某些螺钉为左侧螺距，一般在凸棱上有凹槽做标记，这种情况下按照与拧紧方向相反的方向松开即可。

游标卡尺与千分尺的使用 5

本节目标

□ 能够正确使用游标卡尺和千分尺

相关工具、资料

□ 游标卡尺

□ 千分尺

准备维修

认真阅读设备使用说明

① 游标卡尺：以mm为单位、带有固定前缘的刚性量尺。它还包含一个由游标和活动前缘组成的滑块。滑块上部有一个紧固螺钉，可保持尺子的固定。它还有一个挡块，用于调节间隙。

② 千分尺：千分尺是精确度可至0.01mm的U型测量设备。它由两种刻度组成。滚筒面等分为50份。指针通过锁止机构锁止。

测量

用游标卡尺测量

① 读取从游标卡尺刻度0左侧起的数值（厘米）。

② 在游标卡尺上找出与尺子对应的刻度。常见的游标卡尺有两种：

- 尺子上分为50个刻度（50emm的游标卡尺），滑块上每个刻度差相当于0.02mm，即2/100mm。
- 尺子上分为20个刻度（20emm的游标卡尺），滑块上每个刻度相当于0.05mm，即5/100mm。

③ 数游标尺0刻度和找到的刻度之间的刻度数。

④ 记录数值，单位为mm。

注意：如测量的尺寸为内部尺寸，要加上游标卡尺前缘的厚度，即2x 5mm=10mm。

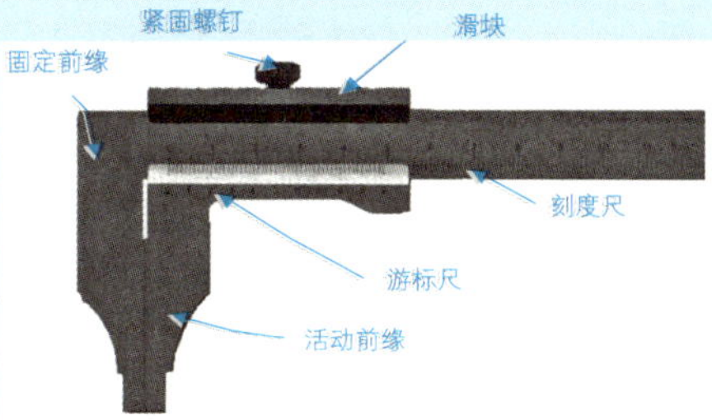

游标卡尺

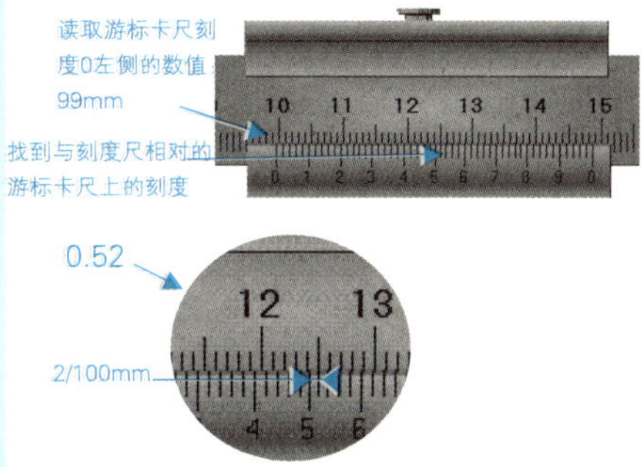

50emm的游标卡尺数值读取举例：99+0.52=99.52mm

用千分尺测量

① 读取滚筒左侧总的厘米数值。

② 读取位于最后一个厘米刻度和滚筒之间的1/2mm。

注：滚筒旋转1圈，触头移动0.5mm（针对100e mm的千分尺）。

③ 读取滚筒上1/100mm的数值。

④ 加上之前的三个数值，记录下来，单位为mm。

注：紧固螺钉有一个力矩限制器，用来防止损害待测零件。开始测量之前，应检查一下活动前缘是否干净，刻度是否准确，并通过拧紧螺钉使活动前缘和固定前缘相接触。某些千分尺有最小为25mm的开口，最好在两个前缘之间放置垫块，检查是否归零。

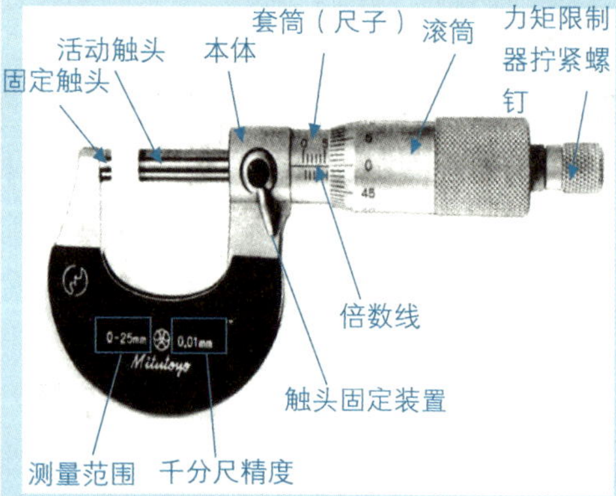

千分尺

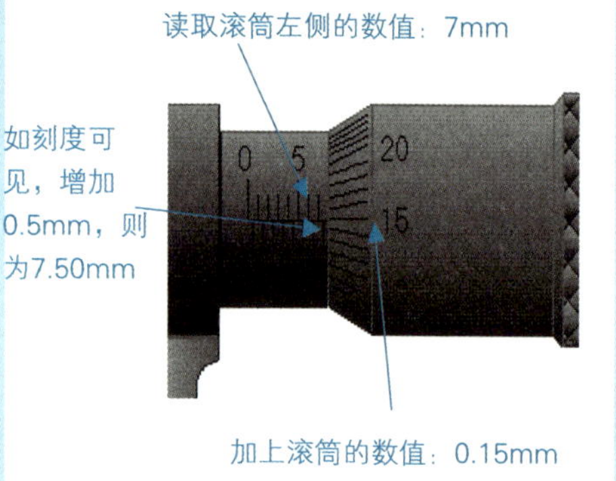

100e mm的千分尺数值读取：7.50+0.15=7.65mm

要点：

度量类工具比较精细，使用时应小心注意，不要磕碰。

百分表的使用

6

本节目标

☐ 正确使用百分表

相关工具、资料

☐ 百分表

准备维修

- 仔细阅读设备使用说明
- 百分表由表盘（分成100刻度）、指针、触点构成。触点移动1mm，对应指针转一圈。通过它可以比较参考面和待测面，单位为0.01mm。

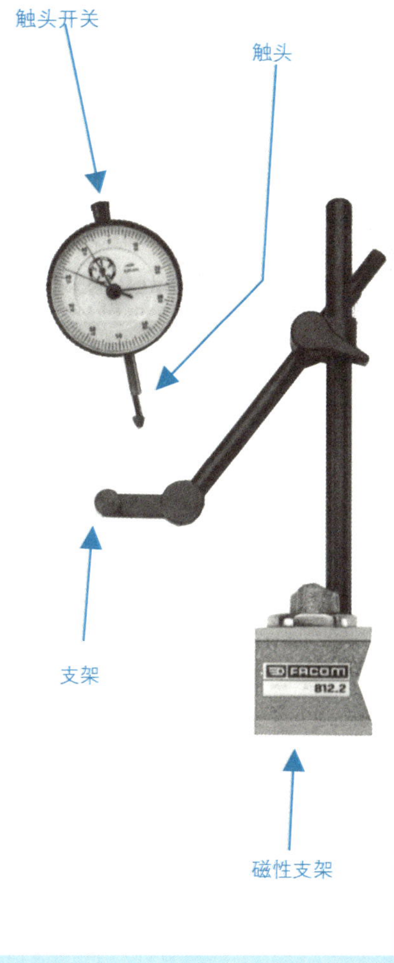

百分表

测量

用百分表测量

① 检查所有相关待测表面是否干净。

② 把百分表磁座放在检验台上，调节百分表的位置，保证：

- 触点与零件接触良好。
- 基座距离待测零件不要太远。

③ 将触点尽可能垂直于检验台表面。

④ 抬起触点，把零件放在触头下面；降低触头。

⑤ 将指针调节到0。把百分表放在检验台表面上，观察指针的移动：

- 指针不移动，则说明零件在此轴面上平放。
- 指针移动，零件有倾斜度。磁性支架和指针的移动方向指示倾斜方向。

- 如果是圆柱面，则在对中槽内旋转零件，观察指针的移动方向，即可看出轴的平直度。

要点:

百分表很容易损坏，使用时要小心，不要磕碰

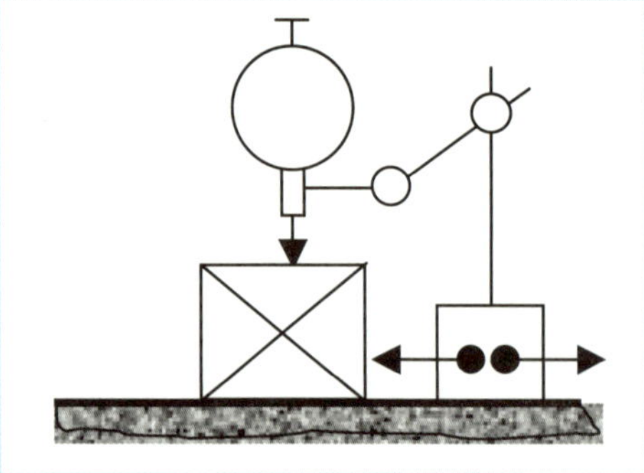

平面

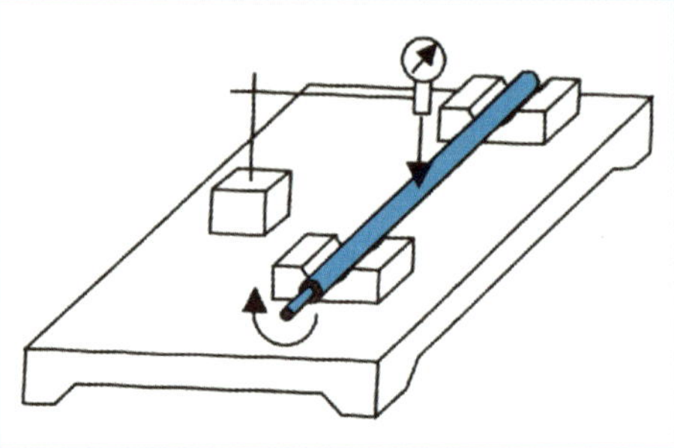

测量范围

百分表测量示意图

加注油液

本节目标

- □ 练习当车辆达到主机厂规定的里程时如何更换机油
- □ 如何检查油位
- □ 如何进行日常车辆检查

相关工具、资料

- □ 发动机机油
- □ 过滤器
- □ 排放扳手、过滤器扳手、排放槽
- □ 车辆使用手册或整车技术文件

准备维修

查阅车辆使用手册

- ▶ 记录下车辆使用的机油类型
- ▶ 油量要求
- ▶ 制动液类型
- ▶ 变速器油类型

准备

- ▶ 符合油量要求的机油
- ▶ 机油过滤器
- ▶ 排放扳手
- ▶ 过滤器扳手
- ▶ 排放槽
- ▶ 抹布、车辆保护膜（座椅、地毯、翼子板等处）

进行维修

排空机油

① 打开机油盖。
② 抬起车辆。
③ 松开油槽上方的放油堵盖，排空机油。

更换机油过滤器

① 把容器放在过滤口下。
② 用专用工具或特殊的带子松开机油过滤器，把机油排放到容器内。
③ 给新过滤器的密封圈上油。
④ 拧紧新机油过滤器，直至它接触到发动机

- ▶ 发动机使用什么类型的机油？
- ▶ 变速器使用什么类型的油？
- ▶ 制动系统使用哪种制动液？
- ▶ 数量分别为多少？

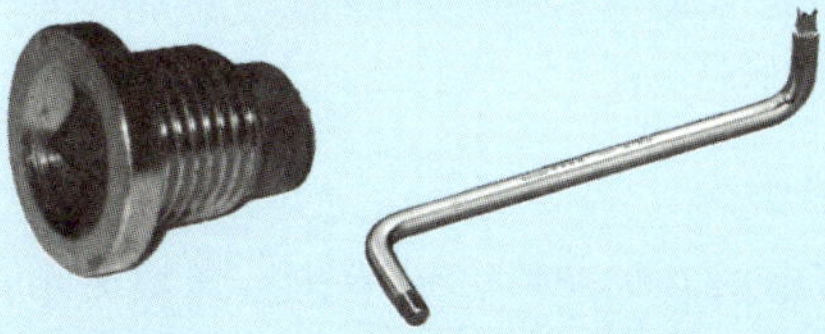

松开堵盖的工具

更换机油过滤器

缸体。

⑤ 手工旋紧。

加注

① 更换放油堵盖的密封圈。

② 机油完全排空后，重新拧紧堵盖。

③ 擦拭干净发动机油底壳。

④ 抬起放油槽，把车辆放平。

⑤ 慢慢倒入机油，拔出油尺，等待一段时间后检查油位。

⑥ 将仪表板上保养指示灯清零或粘贴放油标签。

油位、液位的检查

1. 变速器

手动变速器：在技术文件内找到油位堵盖的位置，松开查看，油位应与孔下方平齐

自动变速器：旋转发动机，拔出油尺，检查油位，如油量不足，可从注油孔处加油。

2. 制动

检查制动主缸上的储液罐，如液量不足，可补充。

3. 制冷剂

检查膨胀阀内制冷剂的液位，应加注到与最大值标线平齐。

4. 蓄电池（免保养的蓄电池除外）

检查电解液的液位，如不足，可补入电解液（到平板上10mm）。

要点：

> 可以用电动泵的吸力排空机油，但是推荐从底部排空的方式，这样易于观察油内是否有异物（水、金属屑等）。

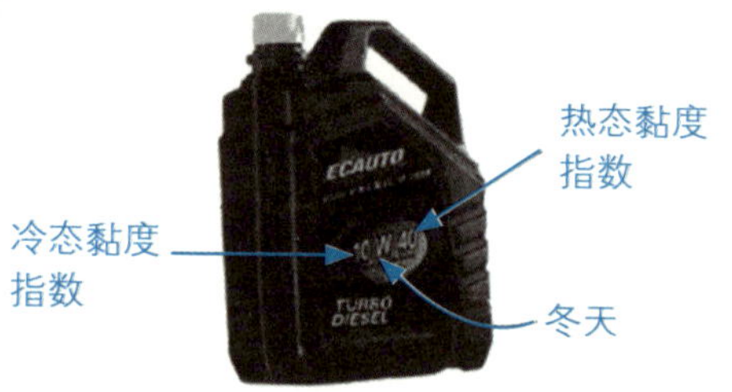

如何读取油漆的黏度标识

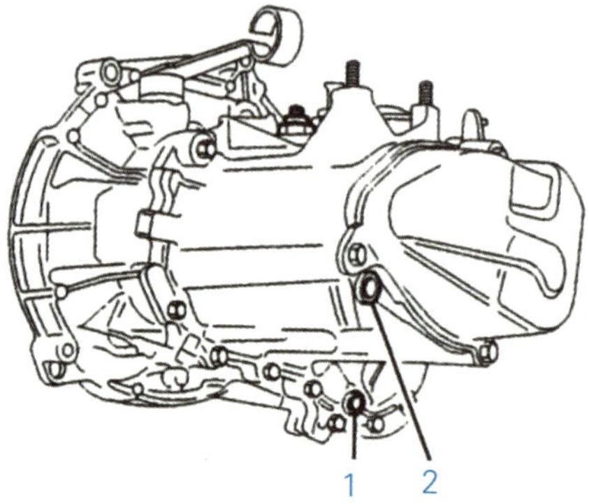

1. 放油堵盖
2. 加注堵盖

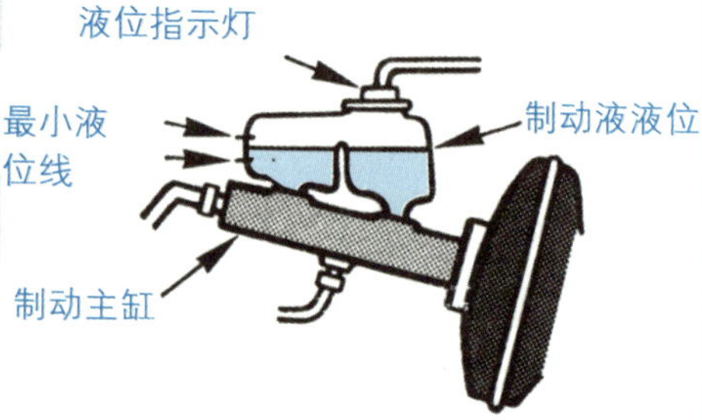

调节气门间隙 8

本节目标

□ 在凸轮不工作的情况下，调节气门尾端与其控制装置之间的间隙

相关工具、资料

□ 技术文件

□ 常用工具

□ 塞尺、垫片

准备维修

查阅技术文件

- 记录气门间隙值
- 调节间隙条件要求（发动机冷态或热态等）
- 规定的间隙调整方法

准备

- 准备好扳手和塞尺
- 拆卸摇臂盖
- 标记进气门（延长进气管接头）和排气门（延长排气管接头）

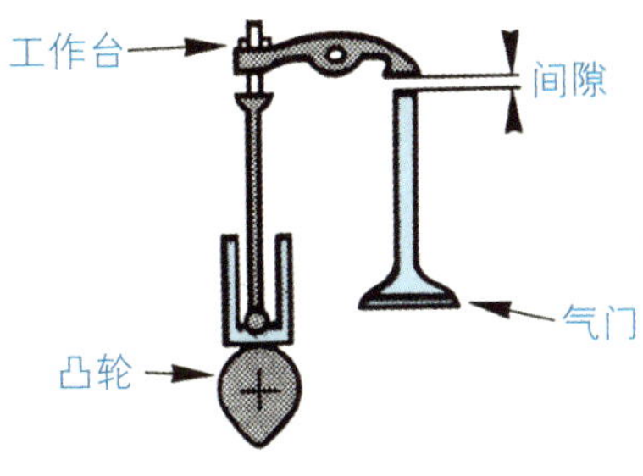

检查、调节

螺接式摇臂

1."平衡"法

① 旋转曲轴，直至1缸（发动机飞轮侧）排气门完全闭合、进气门开始打开（平衡点）。

② 检查气门间隙，如果需要的话调节4缸（与发动机飞轮相对的一侧）进气门和排气门的间隙。

平衡进气门与排气门	调节进气门与排气门
1 →	4
3 →	2
4 →	1
2 →	3

③ 找到3缸的平衡，调节2缸进气门与排气门，按右侧示意图进行。

排气门完全打开	调节	
	进气门	排气门
1	3	4
3	4	2
4	2	1
2	1	3

2. *"完全打开式"方法*

① 旋转曲轴，直至1缸排气门完全打开（完全伸入气缸）。

② 调节3缸进气门间隙和4缸排气门间隙。

用垫片调节

① 按照工艺要求，检查所有气门间隙。

② 记录下每个气门的间隙值。

③ 找出测量值与规定值之间的差距。

④ 拆卸凸轮轴，在正时分配垫块上标记出齿轮的位置。

⑤ 测量每个气门垫片的厚度。

⑥ 放与之相比较厚或较薄的新垫片（见右侧示例图）。

⑦ 安装凸轮轴，将齿轮装配在垫块标记的位置上。

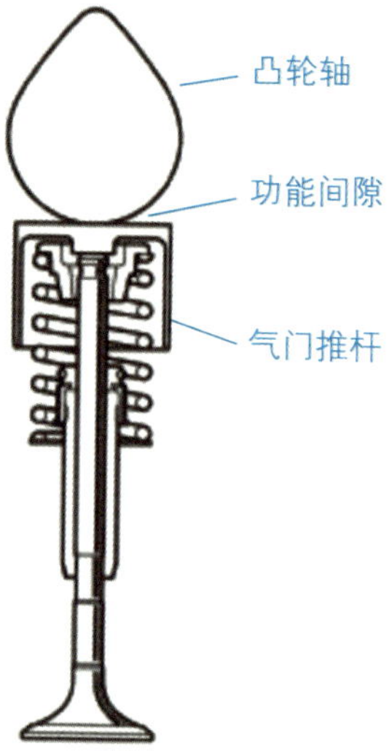

气门

（单位：mm）

记录的间隙值	0.30
规定的间隙值	0.20
差值	0.10
测得的垫片	2.00
待放置的垫片	2.10

要点：

"平衡"法和"完全打开"法适用于点火顺序为1-3-4-2的4缸发动机。

9 更换冷却液

本节目标

☐ 排空发动机

☐ 更换失效的制动液

相关工具、资料

☐ 车辆技术文件

☐ 冷却液

☐ 日常工具

☐ 放置失效冷却液的容器

维修前的组织、准备

查阅技术文件，了解

- 管路布置
- 排泄阀和放泄螺钉的位置
- 管路的容积

车辆、工具、物料准备

- 一定数量的冷却液
- 放置失效冷却液的容器
- 车辆保护装置（翼子板护套、座椅护套、地毯护套）

进行维修

排泄

① 等待冷却液温度降低、压力降低。逐渐打开膨胀水箱（如没有膨胀水箱，则打开散热器）的加注盖，降低剩余压力。

② 打开散热器的放泄堵盖或断开下面的管子，下面放置回收容器。

③ 拆卸发动机气缸体的放泄堵盖，查询技术文件，了解更换方法。

④ 排空、清洗膨胀水箱。

加注

① 旋紧发动机气缸上的堵盖和散热器的放泄堵盖，重新装回下面的管路

② 打开放泄螺塞

③ 加注冷却液，直至最高液位

排空

任何情况下，将加热开关开到最大（温度最高）

- 慢慢打开管路
- 拆卸散热器和发动机放泄堵盖

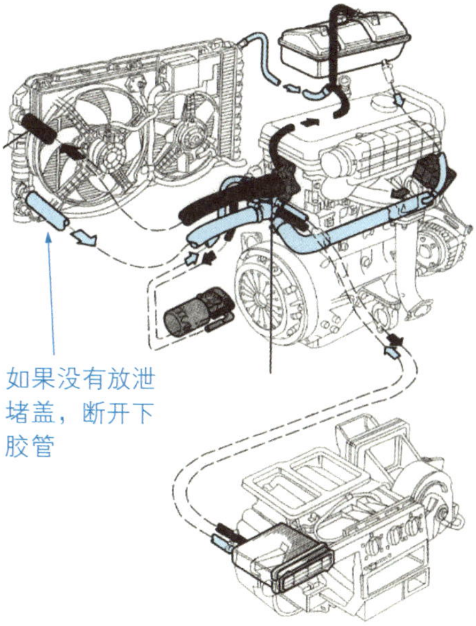

1. 无膨胀水箱的管路

旋转发动机、打开散热器堵盖、直到恒温器开启（冷却液在上胶管内流动，上胶管温度会升高）。

2. 带膨胀水箱的管路

① 膨胀水箱内有符合液位要求的冷却液。
② 散热器堵盖关闭，膨胀水箱的堵盖打开。
③ 如果冷却液不能从放泄螺塞处流出，则尽量把膨胀水箱抬高。
④ 当冷却液可以持续流出（没有气泡）后，拧紧放泄螺塞，补足膨胀水箱内的液位，装复管路。
⑤ 起动发动机，使其保持在1500r/min的速度。
⑥ 旋转发动机，直至使冷却风扇开启继而关闭。
⑦ 让发动机转为怠速转速。
⑧ 让发动机停止，直至其冷却。
⑨ 慢慢打开膨胀水箱的堵盖，降低压力。
⑩ 必要的话检查冷却液液位。

要点：

如果膨胀水箱本来就固定在管路最高处，则无需将其抬高。如果膨胀水箱与散热器一体，则需按照主机厂的方法要求进行操作。

更换冷却液时需要检查冷却液管路（见第10节）。

不要在发动机旋转的情况下打开放泄螺塞。

在发动机还未冷却的情况下不要打开膨胀水箱堵盖。

散热器

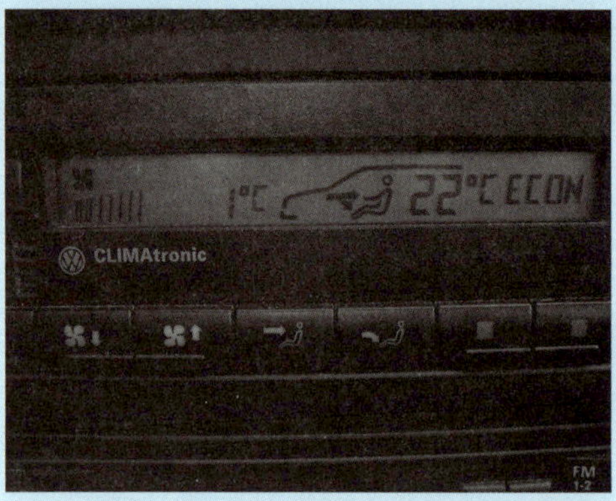

▶ 把加热开关打开到最大，使冷却液可以在供暖散热器内流动，管路可以正确地排空

未与散热器一体的膨胀水箱

膨胀水箱/散热器连接胶管

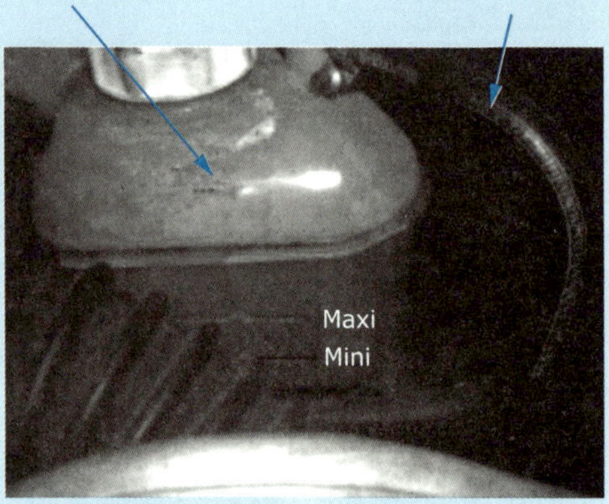

▶ 补足膨胀水箱内的液位

检查冷却管路 10

本节目标

- ☐ 检查和诊断由于发动机过热导致的冷却管路异常的故障
- ☐ 检查冷却管路密封性

相关工具、资料

- ☐ 整车技术文件
- ☐ 冷却液
- ☐ “准备维修”内的专用工具

准备维修

查阅技术文件，了解

- ▶ 冷却管路的构成
- ▶ 恒温器起动温度和风扇起动温度
- ▶ 膨胀阀调节压力

准备

- ▶ 折射仪，防冻秤
- ▶ 密封性检查仪
- ▶ 温度计

进行维修

检查（发动机停止）

① 让发动机冷却几分钟后，打开膨胀阀和散热器堵盖，检查膨胀阀内的液体含量、成分是否正确（借助防冻秤）。

② 检查：

- 卡环是否拧紧。
- 传动带、胶管、散热器表面状态。
- 水泵（检查是否有泄漏、间隙是否正常）。

③ 泄漏检查：使管路处于压力状态。将密封检查仪连接到散热器和膨胀阀堵盖口

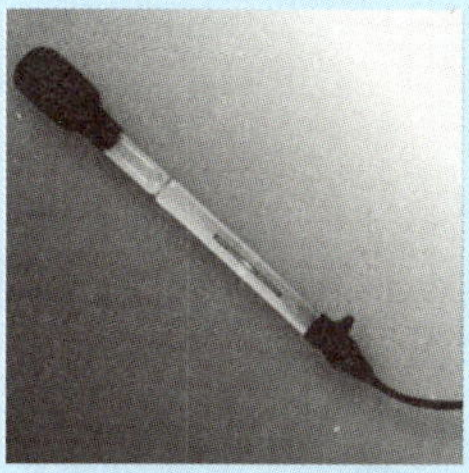

防冻秤

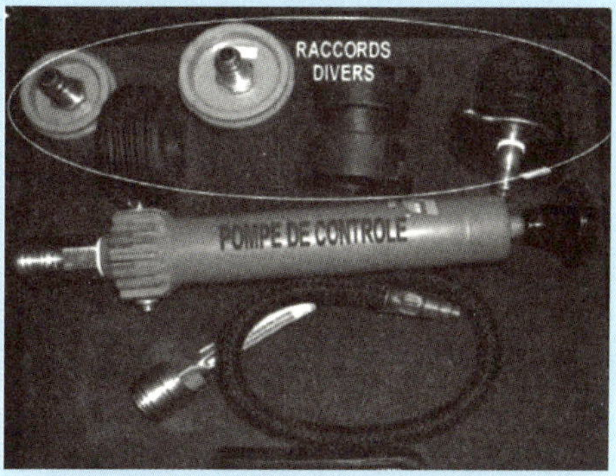

密封性检查仪

检查阀门堵盖的调节压力

处。起动泵，直至达到0.1Pa的压力，小于膨胀阀调节压力。检查所有管路的密封性（胶管、连接管、水泵、散热器等）。

④ 通过密封性检查仪，检查膨胀室的调节压力。

⑤ 检查风扇的工作状态：断开恒温器的插接器，重新连接它们之间的接线端子，风扇应转动。如果不转动，则更换恒温器。如车辆无多路传输系统，则可采用该方法，否则需要通过诊断工具进行执行机构测试。

检查温度调节

经过以上步骤，膨胀阀内液体处于正确的液位线上，传动带张紧正常，管路已清空，恒温器已检查，运转正常。

接下来，通过仪表板指示灯或温度计检查风扇起动时的温度，如有工作异常，则可能

① 恒温器关闭：与散热器之间的连接断开，因此发动机将出现过热，有可能会损坏气缸密封圈，致使风扇不能起动，因为传感器不能接触到热液体。

② 恒温器开启：冷却液一直流向散热器，发动机从一开始即可冷却，所以发动机不能达到正常工作温度（冷却液温度介于80°~90℃之间），进而导致油耗与排放增加。

③ 恒温器卡紧：温度会正常升高，但是开启的时候会超过正常温度门槛值，然后恒温器会一下子打开，温度随之快速下降，变为正常。

任何情况下，如仪表板指示器进入红色范围或温度指示灯闪烁，即代表冷却液没有流入上胶管内，需要更换恒温器。

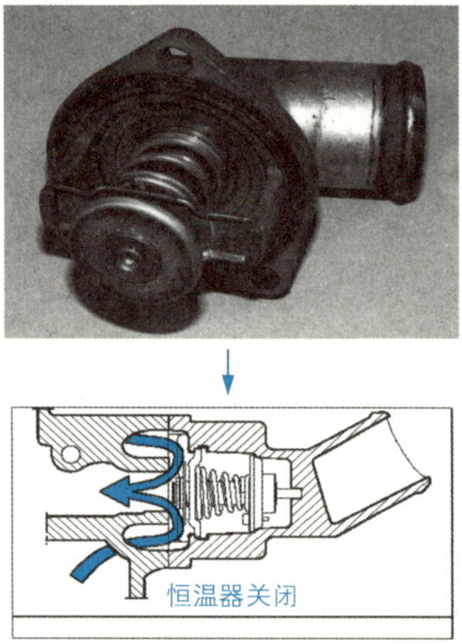

恒温器

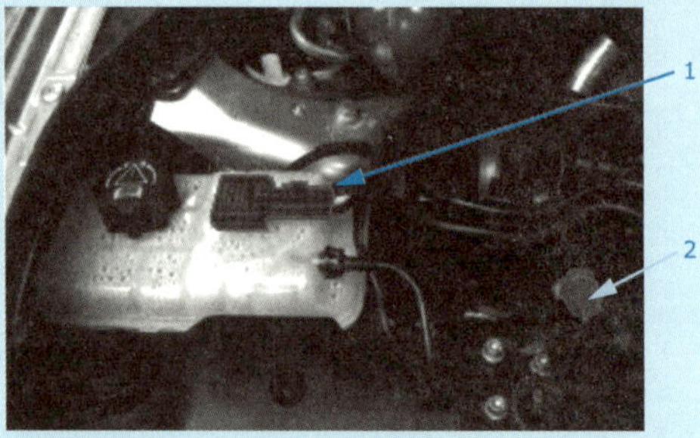

监控

▶ 管路由液位传感器（件1）。

▶ 冷却液温度传感器（件2）。

要点：

在没有检查水泵的情况下，如果要检查压力状态下是否有冷却液泄漏，应排空管路、关闭膨胀阀和散热器的堵盖、升高发动机温度（让风扇开始转动）、目测冷却液的流动情况。

检查压缩压力 11

本节目标

☐ 燃烧室的密封性主要由气门和活塞环实现

☐ 测量气缸压缩压力

相关工具、资料

☐ 整车技术文件

☐ 火花塞扳手

☐ 适用于汽油发动机（0~20Pa）或柴油发动机（0~40Pa）的缸压表

☐ 检查记录表

准备维修

查阅技术文件，了解

- 查阅技术文件
- 了解燃烧室容量测量报告、测量气缸压缩压力
- 气门间隙

准备测量

① 检查缸盖螺栓是否拧紧。

② 检查气门间隙。

③ 拆卸火花塞（汽油发动机）、喷油器或预加热塞（柴油发动机）。针对直喷柴油发动机，建议将缸压表放在预加热塞的位置上。

④ 断开点火线圈的供电（汽油发动机）。

⑤ 阅读缸压表使用说明。

⑥ 在缸压表上放置合适的延长管或套接管。

⑦ 将新的板子放在缸压表支架上。

⑧ 将缸压表重置归零。

检查—测量

建议由两人操作（汽油发动机）：

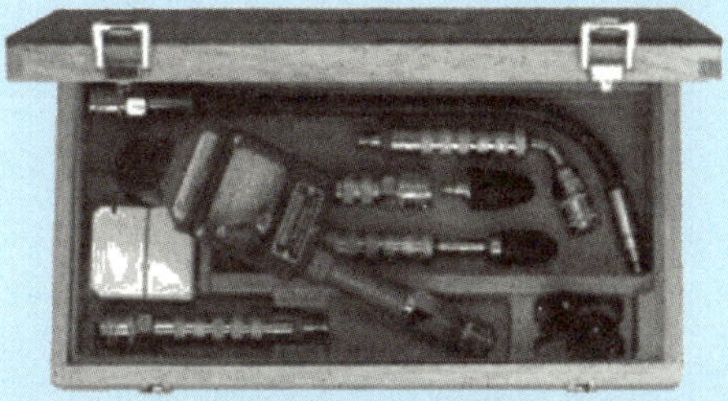

缸压表

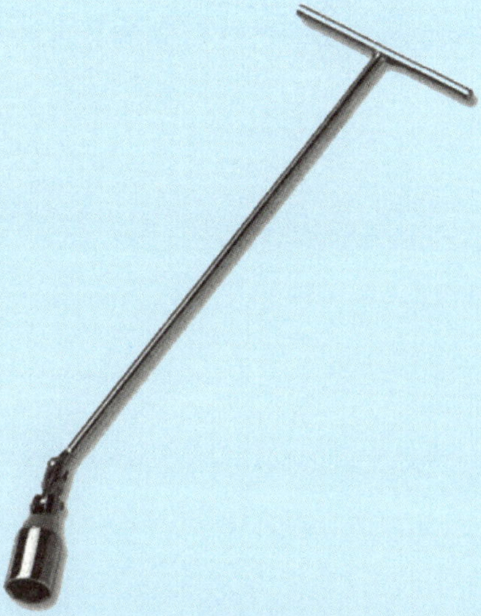

火花塞扳手

① 一名人员用力按住缸压表与火花塞孔之间的套接管。

② 另一名人员将加速踏板踩到底（只针对汽油发动机），转动起动机，持续5s。

③ 读取数值，按压套接管，以降低压力。

④ 移动刻度盘，让指针位于2缸对面。

⑤ 在其他气缸上重复此操作。

总结

① 针对每个气缸测得的数值应基本与容量测量报告内数值相当。比如：容量测量报告=1/9，最小压缩压力为9Pa。

② 各个气缸之间压力的差值应大于1Pa。如果某气缸压力数值小于各缸平均值，则代表活塞环和气缸有磨损。

如果某气缸的压力值明显较小，则一般是由于气门上有烧蚀（某部分金属材料脱落）或者活塞环断裂造成的。

要点:

其他情况或故障现象也可以对诊断压缩压力异常起到辅助作用，如行驶里程较大、耗油异常、动力不足、冷起动困难等。

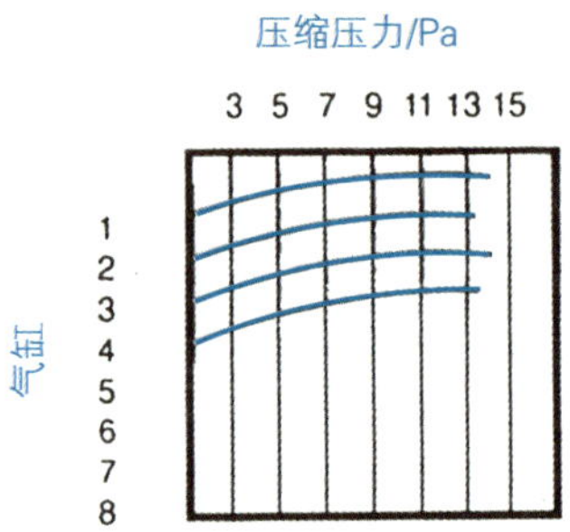

正常状态的曲线

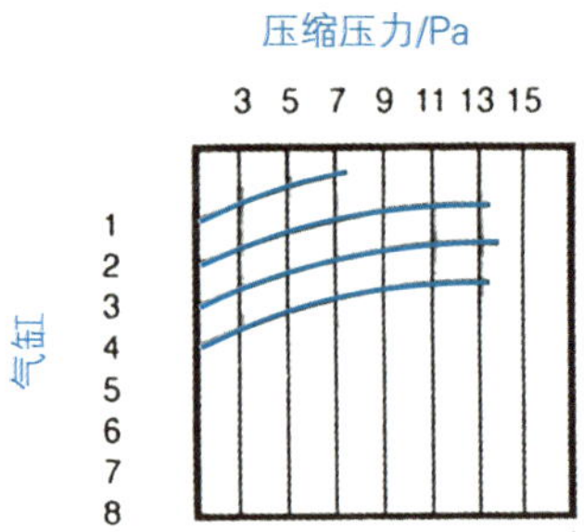

1缸压缩压力不足的曲线图

拆卸、检查、重装气缸盖 12

本节目标

- ☐ 拆卸气缸盖，并在换上新的缸垫前，检查气缸盖的平面度
- ☐ 拆卸气缸盖时如何防止其变形，保证密封度
- ☐ 重装气缸盖

相关工具、资料

- ☐ 技术文件
- ☐ 检查记录表
- ☐ 常用工装
- ☐ 扭力扳手+调角扳手
- ☐ 钢质校正尺+塞尺
- ☐ 两个衬套固定法兰

准备维修

查阅技术文件，了解

- ▶ 气缸盖固定螺钉拧紧顺序
- ▶ 拧紧力矩和气缸盖的厚度
- ▶ 气门间隙值
- ▶ 正时带调节方法

准备

- ▶ 给车辆做保护措施
- ▶ 备好工具
- ▶ 将气缸盖周边影响维修的零件拆卸下来（根据技术文件的要求）

进行维修

拆卸气缸盖

① 断开蓄电池的负极，排空冷却液。

② 按照主机厂要求方法进行拆卸。

③ 按照规定的顺序拆卸除中部螺钉之外的所有螺钉。

④ 旋转气缸盖，但并不将其抬起（防止可拆卸式衬套松脱）。

⑤ 拧掉中部螺钉，拆下气缸盖，放置衬套固定法兰(如果衬套是可拆卸的)。

⑥ 清洗气缸盖和气缸体密封平面。

检查

① 拆掉缸垫，检查其有无烧蚀痕、裂纹等。

限力扳手

活动套筒扳手

塞尺

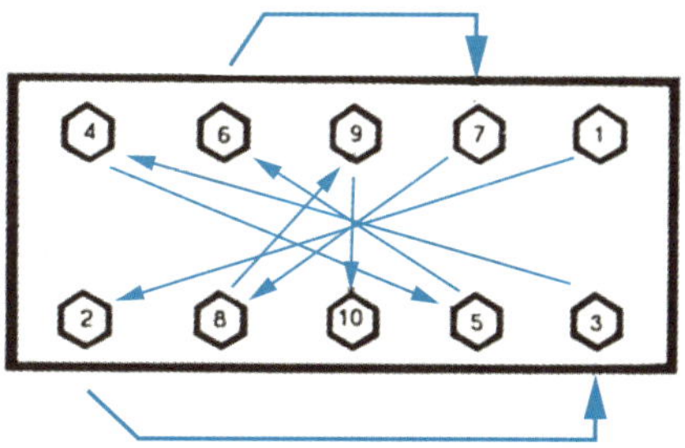

气缸盖固定点拆卸顺序（如十字交叉形）

② 小心清洗气缸盖和气缸体密封面，检查表面是否有水渍、裂纹。

③ 检查气缸盖的平面度：

- 将校正尺放在气缸盖密封面上，用塞尺测量校正尺和密封面之间的测量点。
- 记录下测量值，如果一个测量点或几个点的变形值均超过0.05mm，则需校正气缸盖。
- 测量气缸盖的厚度，如果气缸盖经过一次校正后，厚度小于最小规定值，则需更换气缸盖（注意：某些气缸盖不允许校正，具体参见主机厂的技术文件）。
- 检查气门的状态、气缸盖是否磨损超限、气缸套是否脱出（根据相关技术文件）。

重装气缸盖

① 取下气缸套的固定件（如果气缸套可拆卸的话）。

② 检查密封圈所在平面是否干净。

③ 清洗气缸盖螺钉孔：攻螺纹，然后吹除碎屑。

④ 安装一个新的缸垫（注意“上部”或“箭头”标记。

⑤ 用石墨润滑剂给缸盖螺钉螺纹润滑（有些缸盖螺钉是不允许更换的，具体见技术文件）。

⑥ 拧上缸盖螺钉。

⑦ 按照规定的顺序和力矩值拧紧缸盖螺钉（只能使用限力扳手或活动套筒扳手）。

要点：

如果气缸盖的缸垫断裂，必须找到原因，如发动机异常高温，否则故障会重现。犹豫不决时，可以重点观察气缸盖，在重装前检查是否有细小的裂纹，它们用肉眼是很难观察到的（尤其是针对柴油发动机）。

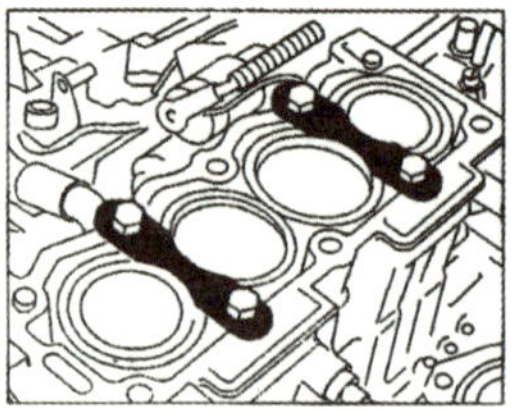

安装衬套固定件

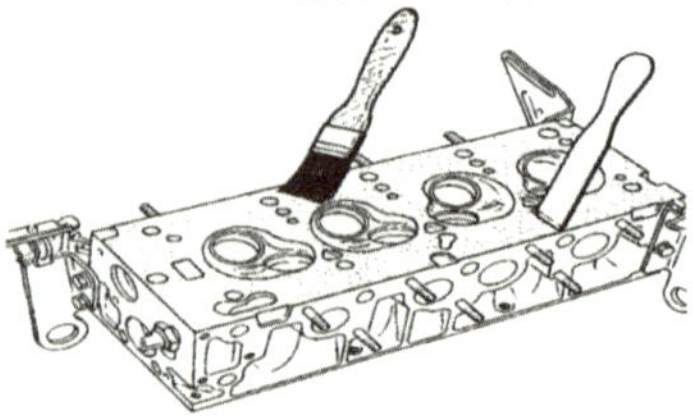

清洗气缸盖

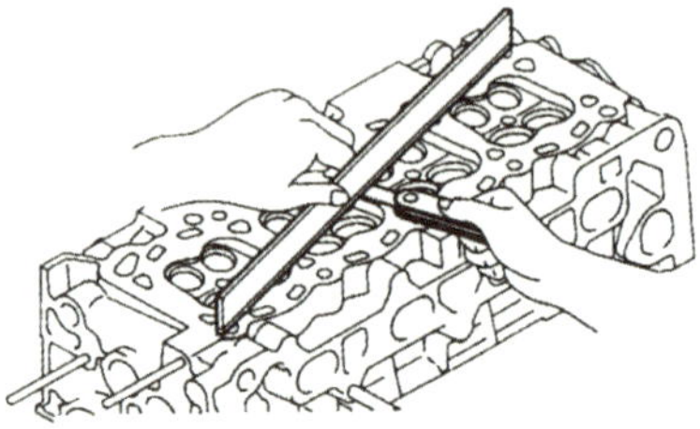

检查平面度

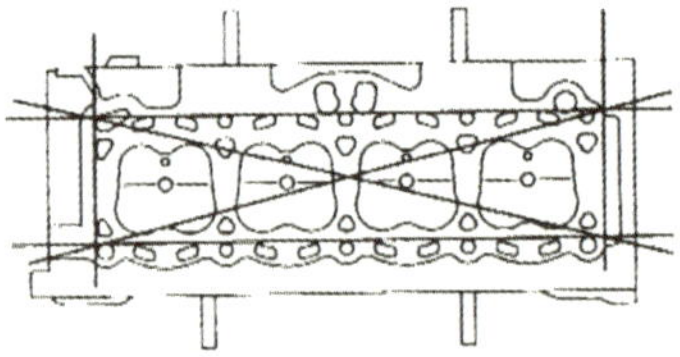

平面度测量点

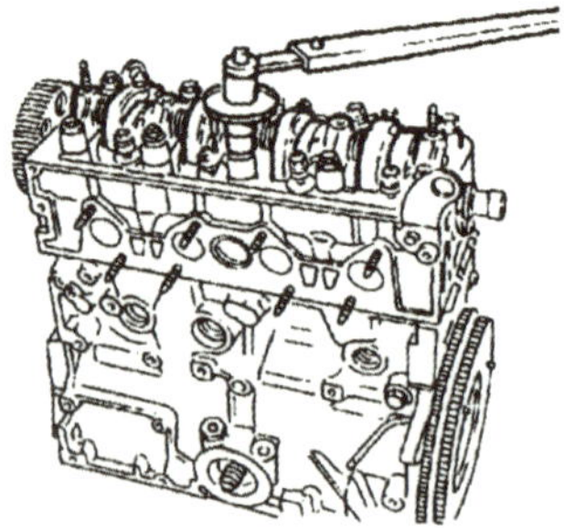

用限力扳手和活动套筒扳手拧紧

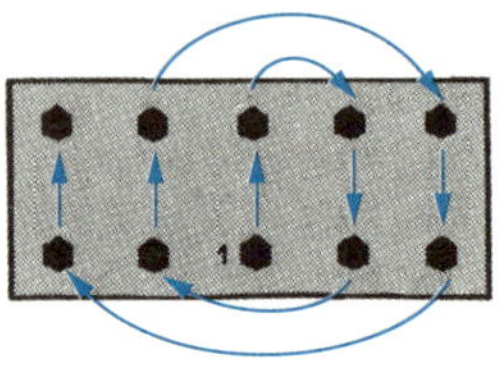

气缸盖拧紧顺序（如螺旋形顺序）

检查和更换气门

13

本节目标

☐ 学习如何检查气门的密封性

☐ 发现气缸压缩压力不正常后，如何检查气门是否关闭良好

相关工具、资料

☐ 主机厂技术文件

☐ 检查记录

☐ 气门弹簧压缩器（气门抬起器）

☐ 研磨棒（吸盘）、研磨膏

准备维修

查阅技术文件，记录

- 进气门、排气门头部的直径
- 进气门和排气门轴颈角

准备

- 拆卸、检查气缸盖（方法见之前章节）
- 拆卸凸轮轴（需要的话）
- 为气门准备一个储存支架

进行维修

拆卸

① 用锤子拍打上凹槽的边缘，使其与定位键脱开。

② 放上气门弹簧压缩器，压缩弹簧。

③ 用钳子分开两个定位键，放在与气门对应的格子内。

④ 松开弹簧。

⑤ 取出弹簧压缩器。

⑥ 按顺序拆：

- 上凹槽；
- 弹簧；
- 下凹槽；
- 气门导管垫圈；
- 气门。

注意：根据气门的类型，定位键的类型有所不同

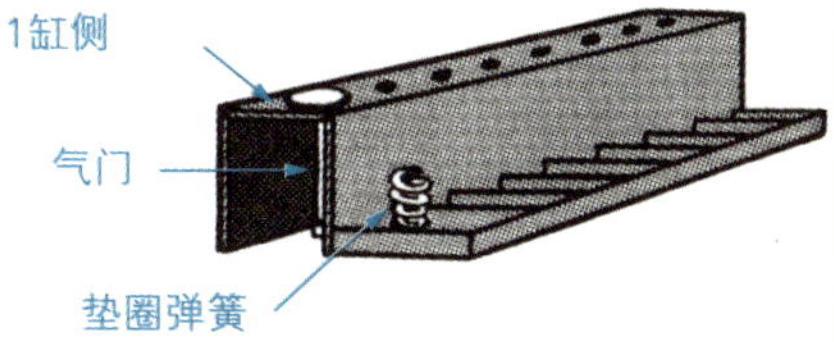

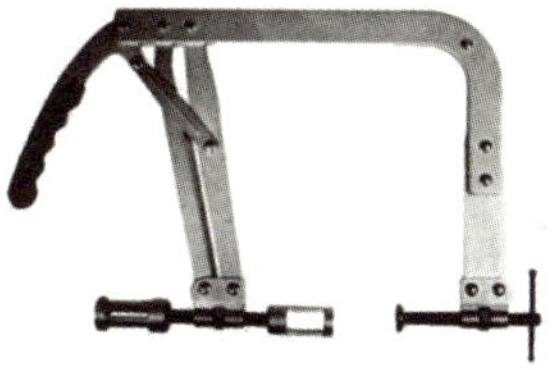

气门弹簧压缩器

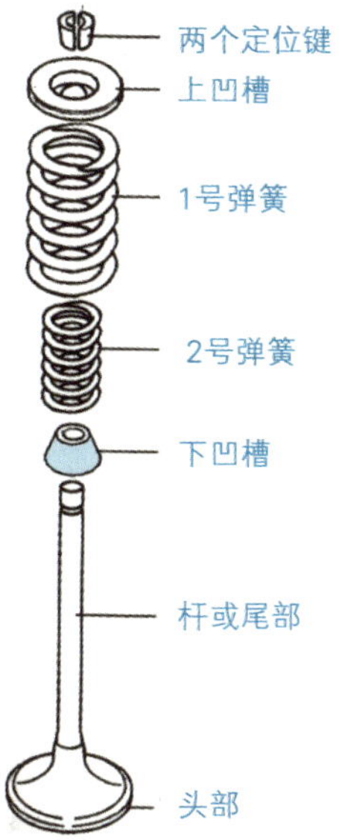

检查

① 在气门导管内检查气门尾端的间隙。

② 检查轴颈状态：

- 轻微突出：简单研磨；
- 轻微凹陷：校正；
- 头部凹陷：更换。

③ 检查气门座：

- 把粉笔放在气门轴颈上，将气门装回原位，用研磨棒旋转1/4圈。
- 如果轴颈轻微凸出，粉笔痕迹不均匀，用研磨棒简单磨一下。
- 如果轴颈宽度方向上超出1mm，或者轴颈有损坏，粉笔的痕迹有断开或极不规律，需要更换气门座圈。

研磨

① 用刮板和砂纸去除气门和气门室上的氧化皮。

② 把研磨膏（质地较粗的）涂在轴颈上，浸湿吸盘，粘上去。

③ 将气门放在其座圈上，旋转气门，从而进行研磨。

④ 当无颗粒后，清洗轴颈。

⑤ 研磨完成后，要检查是否操作正确：

- 小心清洗气门及其支座。
- 间隔5mm左右用笔画线。
- 把研磨棒放在气门上，轻轻压住，旋转1/4转。
- 轴颈会擦掉笔痕，正确的研磨应是每个笔痕中部擦掉1.5~2mm的宽度；否则，需要重新研磨。

⑥ 当轴颈状态检查完毕后，用较细的研磨膏研磨全部气门。

⑦ 按照与拆卸时相反的顺序重新装回气门。

⑧ 加注汽油，检查气门密封性，通过气门室顶部输入压缩空气，气门头部不应出现气泡。

⑨ 用锤子敲打气门尾部，看两个定位键是否固定良好。

- 注意：为了防止气门杆和气门导管的磨损，气门杆上不能有研磨膏

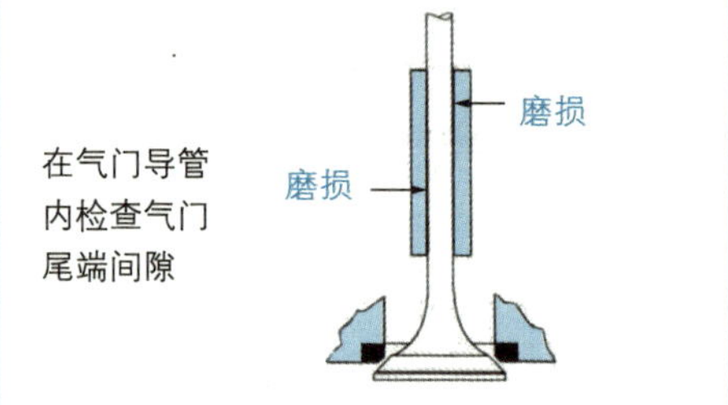

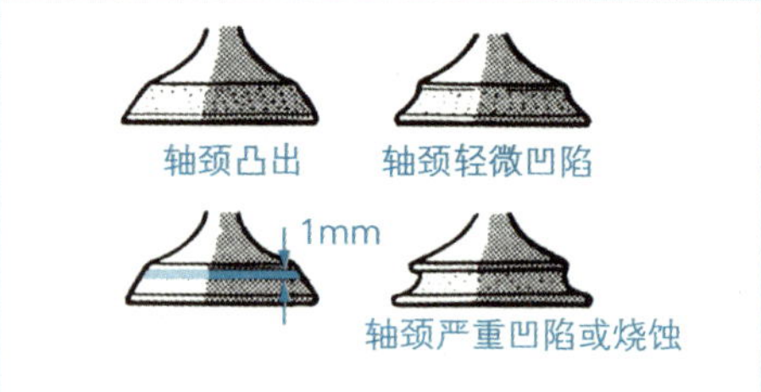

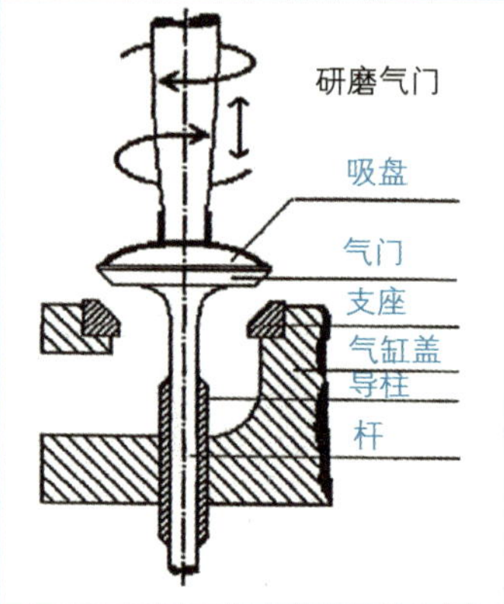

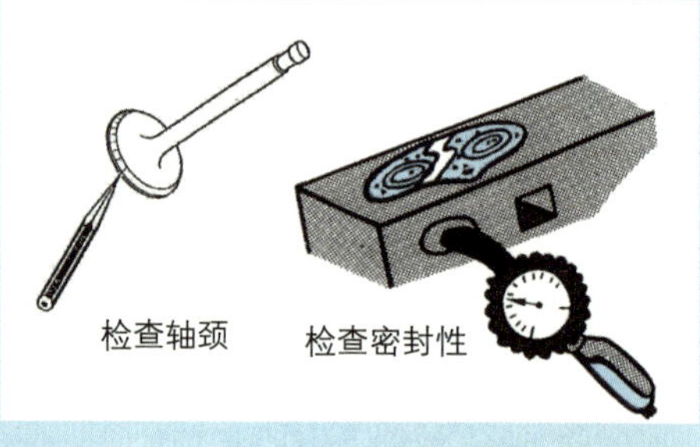

要点：

如果气门弹簧为变螺距弹簧，将弹簧放置在与气缸盖更为接近的位置上。

气门必须整体更换（进气与排气）。

只要气门、导管、基座位于主机厂允许误差内，即可进行研磨，所以在操作之前应检查这些部件。

检查气缸磨损程度 14

本节目标

- ☐ 掌握在气缸压缩压力不足或耗油率超标后对比气缸直径与气缸额定直径的方法

相关工具、资料

- ☐ 车辆技术资料
- ☐ 检查记录
- ☐ 缸径表及其使用方法

准备维修

查询车辆技术资料

- ▶ 确认发动机类型
- ▶ 了解发动机的缸径

准备

- ▶ 拆卸气缸盖、连杆、活塞。清洗气缸、缸套，去油、去杂屑
- ▶ 调好缸径表：
  - 将缸径表放在固定杆上，拧紧
  - 在下部安装一个套接管，静止时量杆的总长度能稍稍超过待测的气缸的内径

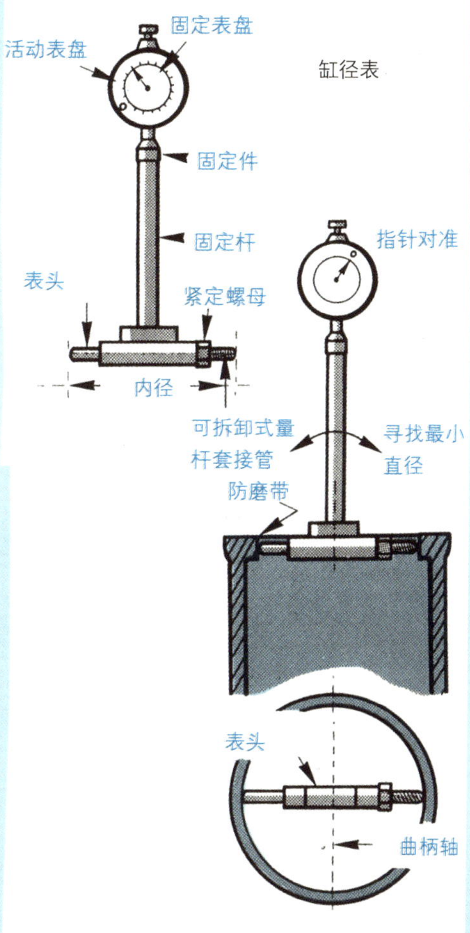

检查—测量

① 把表头放在气缸内，与防磨损胶高度相对的方向上（与曲轴垂直的方向上）轻轻压缩：此时的显示值作为气缸的额定直径。

② 轻轻摆动缸径表的固定杆，直到指针变换方向（最小直径）。

③ 转动表盘，使指针顶端对准0。

④ 把表头降低到A点（最大磨损点）。

⑤ 轻轻摇动缸径表的固定杆，找到最小直径。

⑥ 读取0和指针位置之间的差值。缸径表的刻度是0.01mm。

⑦ 记录下数值。

⑧ 在B点和C点处重复此操作，并记录下数值。

⑨ 在其他气缸上重复此操作，并记录下数值。

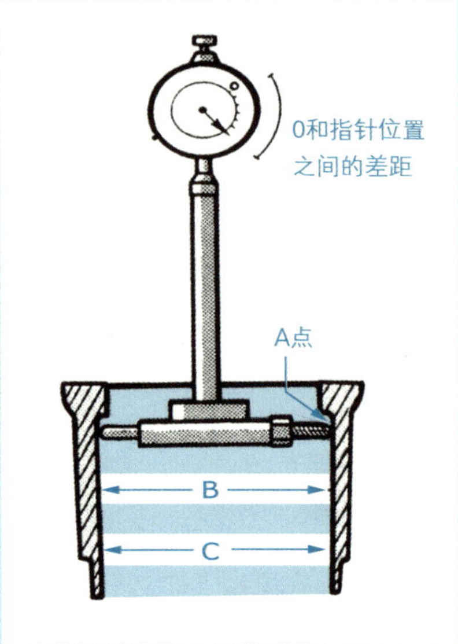

诊断

① 找到最大磨损数值。每厘米内径的磨损程度不能超过0.015mm。比如：100mm的内径，最大可接受磨损程度：0.15mm。

② 目测气缸内部。

③ 如果某一点的最大磨损量超出，或者气缸上有严重磨损，需要：

- 可拆卸式缸套：更换缸套。
- 无缸套式衬套：镗缸，安装活塞，测量缸径，确保没有超过极限扩孔值。

要点：

如果发动机的其他零件超出极限值要求（曲轴、油泵等），最好比较大修发动机与更换发动机的费用，还要考虑到对其他部件的影响（机械部分、车身）以及车辆的使用年限。

15 更换连杆和活塞

本节目标

- □ 掌握活塞、连杆、活塞环拆卸和安装方法
- □ 能够按照技术文件还原发动机

相关工具、资料

- □ 车辆技术文件
- □ 检查记录
- □ 涉及气缸盖拆装、缸套位置检查、传动带调节的文件
- □ 专用工具

准备维修

查阅技术文件，了解

- 发动机的类型
- 发动机详细特征
- 主机厂对拆卸发动机的方法要求

准备以下工装

- 专用工装：缸套取出器，钳子，活塞环压缩器，游标卡尺，电动扳手，千分尺，带磁支架的缸径表，液压压力机，活塞轴夹具,连杆加热箱
- 拆卸发动机
- 拆卸气缸盖
- 拆卸传动带

活塞环钳子

活塞环压缩器

进行维修

拆卸

① 将发动机拆卸下来，拆下下护板。

② 拆卸连杆盖，并做上标记（气缸编号及其方向）。将活塞从连杆中取出，把连杆盖重新装配上去，连杆的端部带有轴承。

③ 拆卸轴承盖，并做上标记（编号和方向）。拆卸曲轴，取下侧间隙垫块。

④ 用取出器拆卸连杆，并做上标记（需要重

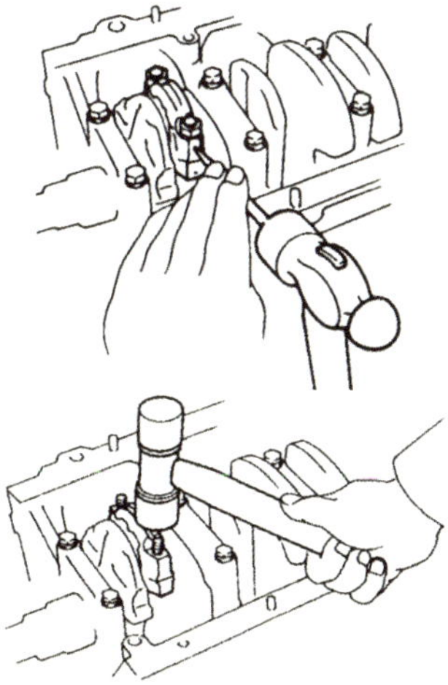

拆卸连杆和活塞

装的话）。在标记了活塞在连杆上的方向后用液压压力机取下活塞销。

检查

① 活塞和活塞环的状态：活塞端部是否有标记，活塞环是否损坏，活塞环与其凹槽是否配合良好、无卡滞、断裂，活塞缘部是否有变形。

② 曲轴支撑轴的状态，轴颈是否有磨损，变形（需要与主机厂数值进行对比）。

③ 轴瓦的状态：是否有磨损。

④ 气缸的状态：套套、密封圈表面是否有磨损。

重装

① 清洗需要重装的元件。装配连杆和活塞。按照规定的方法操作。

② 用专用的钳子装配新的活塞环，首先安装油环、润滑活塞环。

③ 安装缸套。

④ 用活塞环压缩将活塞装入缸套内。放置间隙垫块安装曲轴。安装新的轴瓦，润滑、拧紧轴承，定位销应相对而放。

⑤ 将组合在一起的连杆、活塞放入气缸内，用法兰盘固定。

⑥ 将新的轴瓦安装在连杆上，润滑，拧紧，检查曲轴是否旋转正常。

要点：

本操作是与检查油泵、曲轴油管放泄阀门、更换正时带组件（齿轮+张紧轮或传动带+惰轮）、水泵同时进行。

如果是无缸套式的发动机，不要拆卸缸套。气缸出现磨损后，必须以更大的尺寸重新镗缸，匹配更大直径的活塞。

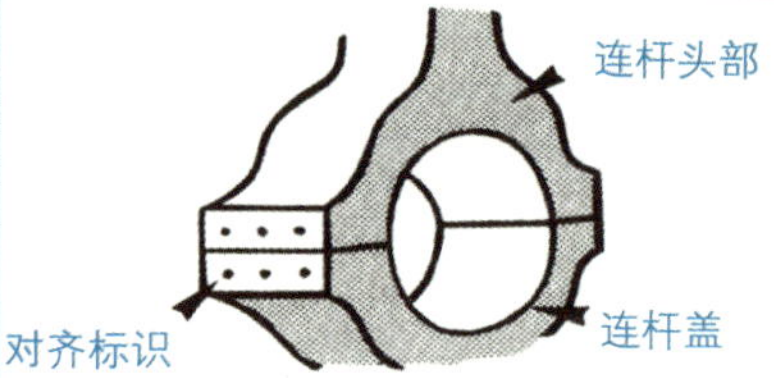

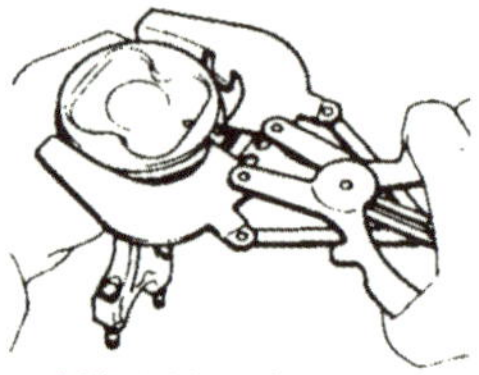

拆卸活塞环与活塞

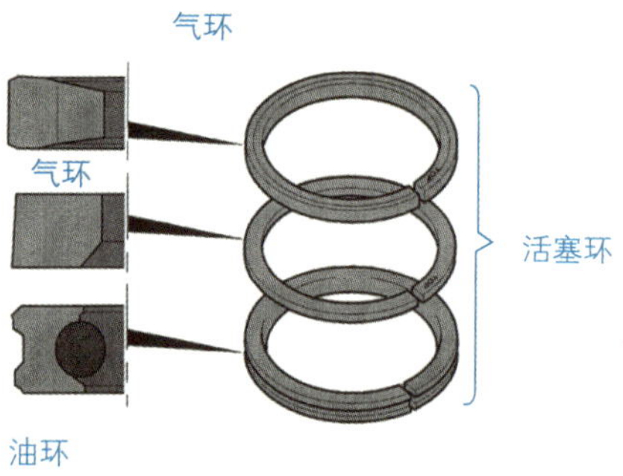

首先安装油环

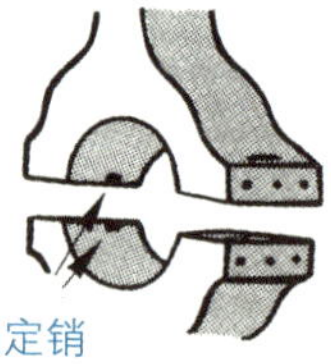

相对而置的固定销

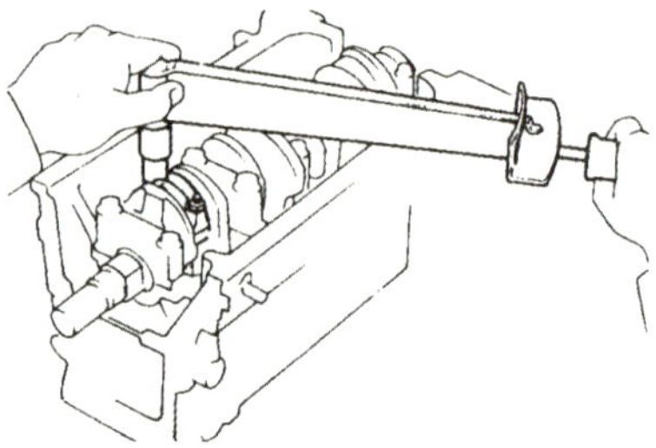

拧紧轴承

检查曲轴

16

本节目标

☐ 按照主机厂的要求，拆卸、重装曲轴、并做上标记

☐ 进行尺寸检查、测量曲轴的间隙

相关工具、资料

☐ 整车技术文件

☐ 检查记录

☐ 测量台架

☐ 带磁性支架的百分表

☐ 千分尺

准备维修

查阅技术文件，了解

▶ 曲轴轴承的拧紧力矩

▶ 曲轴测量值记录（曲轴间隙等）

准备

▶ 拆卸活塞时，即可按照工艺顺序要求检查曲轴

进行维修

拆卸

① 按照维修工艺要求拆卸发动机曲轴。

② 清洗需要检查的零件。

③ 对下列零部件标记上安装顺序和方向：

- 轴承盖和连杆盖上应做标记，保证安装后与之前位置、方向相同。如果没有做标记，可以给其编号，并用小刀标出方向，但是要选择相对坚硬无磨损的区域。
- 如果继续使用原来的轴瓦，则要保证其位置与方向和原始状态相同，如果方向相反，则可能会引起发动机故障（油压异常、连杆间隙不足等问题）。

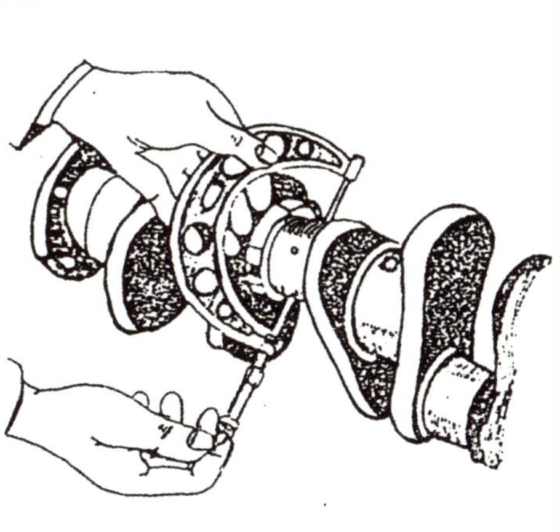

轴颈的圆度

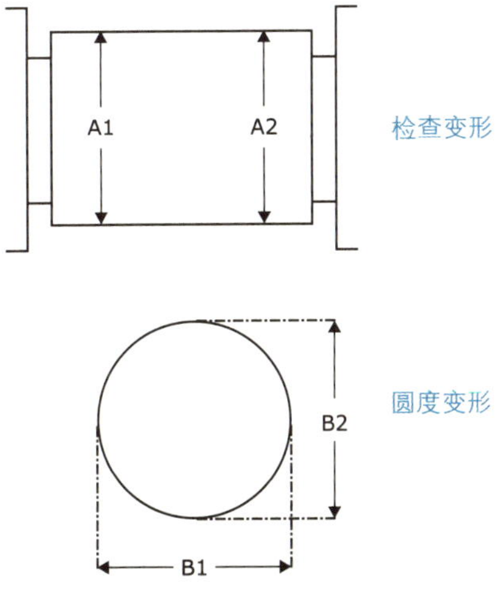

圆度变形

检查

① 目测：

- 划痕：较细的或明显的。
- 氧化、撞击的痕迹。
- 螺纹部分、楔形销固定区域、飞轮对中销的状态。

② 检查轴颈部分是否有变形：

- 首先测量曲轴主轴颈每一侧的直径，然后千分尺调整90°，再次测量（见示意图）。
- 按照同样的方法测量连杆轴颈的尺寸变形应小于0.05mm。

③ 检查轴颈的直线度：

扭曲变形应小于0.05mm。通过测量台架、百分表、磁性支架进行测量。

重装

① 按照返修工艺进行重装。

② 清洗曲轴油路、连杆轴颈、主轴颈，不要带入异物。

③ 按照主机厂要求的拧紧力矩拧紧。

④ 检查曲轴的侧向间隙：

- 首先按照规定的力矩拧紧，然后用百分表测量侧向间隙，百分表位于其支架上，放在曲轴端部，如果没有在允许误差范围内，则通过更换或厚或薄的垫圈进行调整。
- 最后检查曲轴旋转是否顺畅。

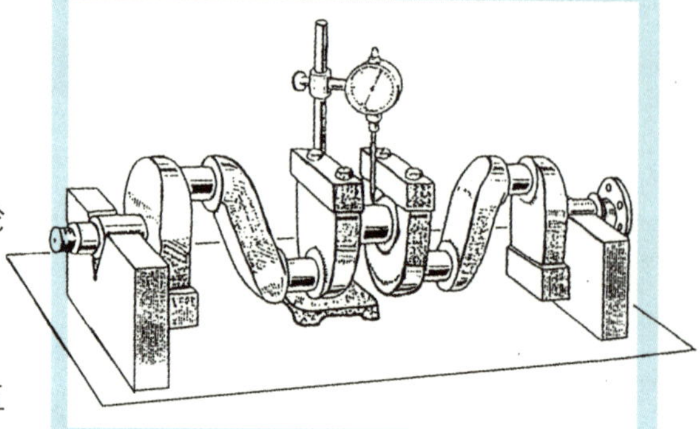

调整侧向间隙举例

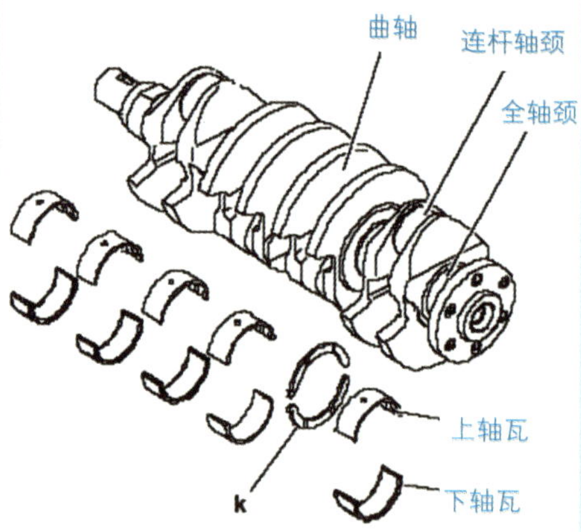

该示意图以调整2号轴承侧向间隙为例，在气缸缸体处用两个半垫块进行调整

要点：

如今这种维修方法使用的机会较低，主要是因为从人工费用角度计算，直接更换一台发动机成本更低。但是某些特殊情况下，仍可以采用该维修方法。

检查缸套高度 17

本节目标

☐ 检查缸套基座密封圈的厚度，保证气缸盖的密封性

相关工具、资料

☐ 整车技术文件
☐ 检查记录表
☐ 百分表及其支架
☐ 万用表

准备维修

查阅整车技术文件，了解

- 密封圈的类型
- 要求的高度超出量
- 建议的密封圈的厚度值
- 主机厂规定的维修方法

准备

- 准备未装备零部件的发动机
- 轻轻清洗发动机气缸体侧和缸套侧基座密封圈支撑平面

检查-测量

测量

① 按将不带密封圈的缸套放在安装位置上。

② 观察缸套是否有超出或凹陷。

③ 如果有凹陷：

- 与气缸成垂直（横向）放置尺子，使百分表指针能够位于气缸平面上，旋转百分表刻度盘，使指针指向0。
- 将百分表的指针放在衬套边上，读取凹陷值（1刻度=0.01mm）。
- 在与缸套相对的直径面上进行同样的操作，记录数值。
- 算出两个数值的平均值，记录下来。

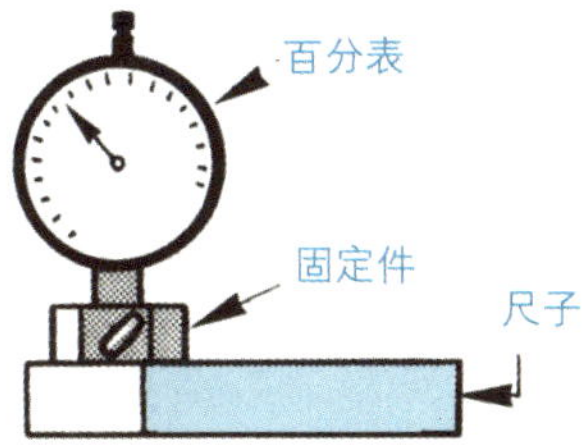

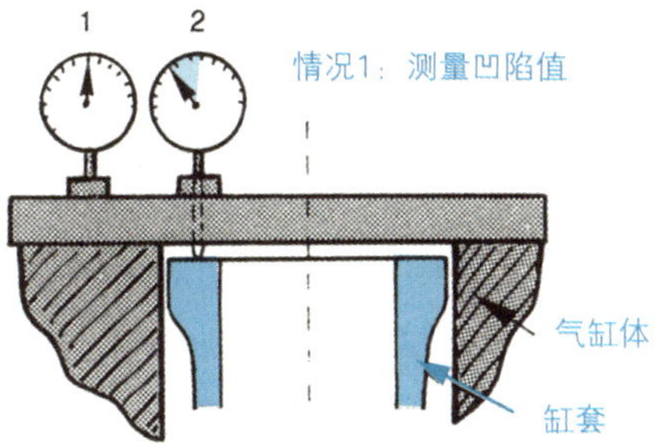

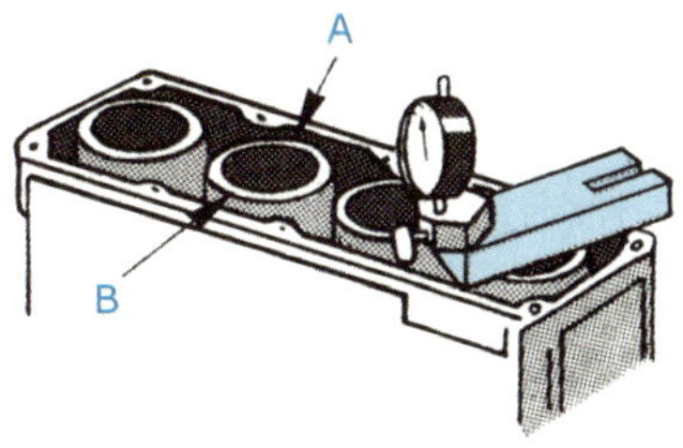

平均值：（A点值+B点值）/ 2

④ 如果有超出

- 将尺子横放在发动机气缸上。
- 将百分表放在缸套边上，刻度对准0。
- 移动尺子，使百分表的指针位于气缸的平面上，读取数值。
- 在相对的直径面上重复进行此测量，取两者的平均值，并记录下来。

⑤ 在另一个缸套上进行相同的操作。

计算密封圈的厚度

举例：

① 规定的超出值：0.14~0.21mm。

② 实际超出值：0.08mm。

③ 建议的密封圈厚度：0.08mm、0.10mm、0.12mm和0.14mm。

④ 则应放置厚度为0.21−0.08=0.13mm的密封圈。

最接近的下密封圈厚度为0.12mm。

检查

用千分尺检查密封圈的厚度：

① 在缸套基座上固定定位好。

② 装上缸套、重新检查，记录超出值。

③ 两个缸套之间的超出值的差距不应超过0.04mm。

④ 安装上缸套固定件。

要点：

某些发动机上装配的是厚度统一的圆形密封圈，针对此种情况，仅需在安装气缸盖之前检查是否有合适的超出量，以便在拧紧时密封圈可以有压缩量。

针对无缸套式的发动机，应测量活塞的超出量，以确定气缸盖密封圈的厚度。不需要测量缸套的超出量，因为根本没有缸套。

测量缸套的超出量

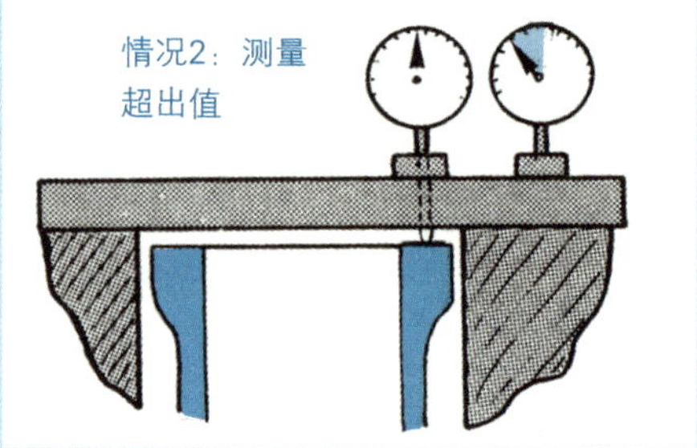

举例：

（单位：mm）

类型 \ 数值	气缸1	气缸2
凹陷或超出的平均值	0.08	0.10
要求的超出值	0.21	0.21
应放置的密封圈的厚度	0.13	0.11
最接近的厚度	0.12	0.10
实际超出值	0.20	0.20

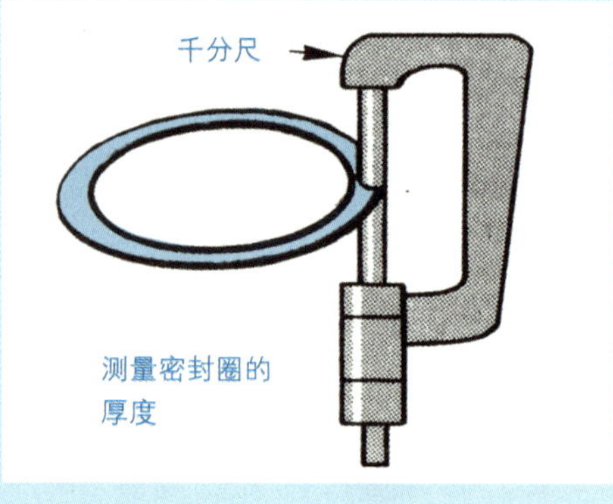

调整正时带

本节目标

☐ 保证离合器分离状态时，机械装置不受应力，否则传动带装复后离合器盘有打滑的风险

相关工具、资料

☐ 整车技术文件
☐ 校正尺套件
☐ 传动带张紧力测量仪
☐ 测力扳手
☐ 完整的正时带套件（齿轮+传动带），水泵（根据主机厂的规定）

准备维修

查阅技术文件，了解

▶ 正时带构成图
▶ 主机厂规定的拆装工艺
▶ 链条或传动带上标记代表的意义
▶ 张紧力调节系统

准备

▶ 按照主机厂规定的工艺方法操作
▶ 如需要，拆卸下附件传动带
▶ 拆卸下正时带所有护板
▶ 如更换水泵，排空冷却液管路

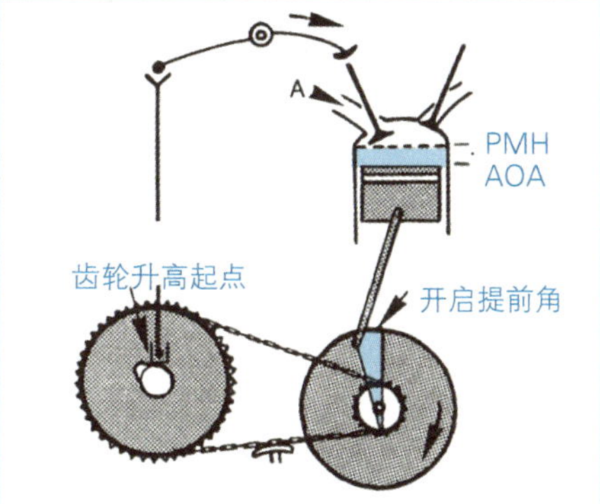

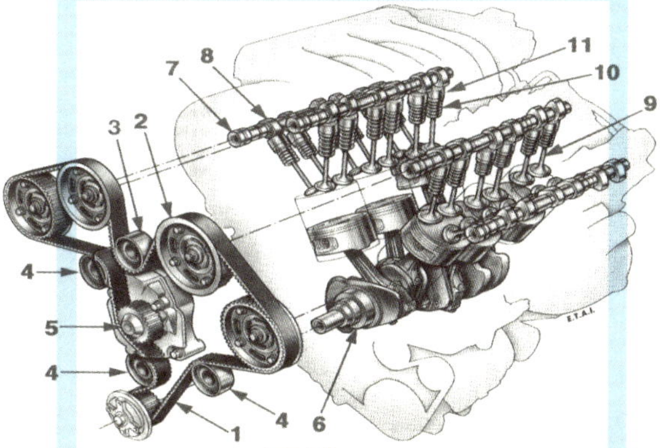

1—正时带
2—凸轮轴带轮
3—传动带张紧轮
4—卷收器固定导向轮
5—水泵
6—活动系统
7—凸轮轴
8—凸轮
9—气门
10—气门弹簧
11—推杆

进行维修

拆卸

① 将曲轴齿轮和凸轮轴齿轮放在技术文件内指示的位置上。
② 通过张紧轮松开传动带。
③ 拆卸传动带。
④ 如果是链条，拆卸链条的张紧轮、凸轮轴齿轮或曲轴齿轮中的一个。
⑤ 拆卸水泵。

重装

重新装配一个新的水泵。

1. 针对传动带：

① 按照技术文件要求的顺序进行。

② 安装齿轮（张紧轮和卷收器）。

③ 安装传动带，标记应与齿轮的对应。与张紧轮相对的部分链条应张紧。

④ 调节传动带的张紧力（见技术文件内的要求）。

2. 针对链条：

① 按照技术文件要求的顺序进行。

② 拆卸凸轮轴齿轮或曲轴齿轮的。

③ 按照标记安装链条，重新装回齿轮。

④ 安装链条张紧轮，松开间隙补偿系统。

注：如果对标记的曲轴和凸轮轴的位置不确定，可按如下步骤进行：

① 通过火花塞孔找到1号气缸的上止点（PMH）。通过曲轴摇爪旋转曲轴1/4转，使所有活塞位于同一高度。

② 旋转凸轮轴的齿轮，使其达到要求的位置：

- 齿轮的标记朝向固定标记。
- 根据齿轮或链条上标记确定大概的朝向。
- 两个齿轮标记平齐。

③ 将1号活塞调整到上止点（PMH）：曲轴的标记应位于规定的位置内

注意：该方法，只是用来粗略地找到曲轴和凸轮轴的标记。精确校准必须按照主机厂的要求进行

检查

① 旋转曲轴两圈，不应有卡滞感。

② 回到调整位置。

③ 检查标记，张紧力是否良好。

④ 检查齿轮和带轮固定螺钉是否拧紧良好（扭力扳手）。

⑤ 排空冷却液管路。

⑥ 装上护板。

⑦ 起动发动机。如有噪声或卡滞，立刻停止发动机，调整正时标记位置或张紧力。

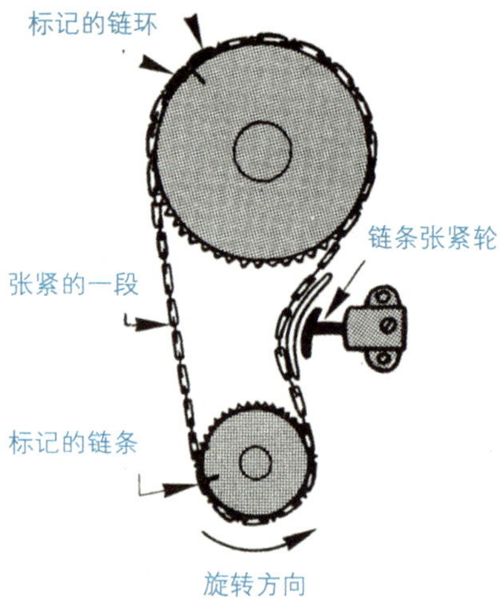

针对链条

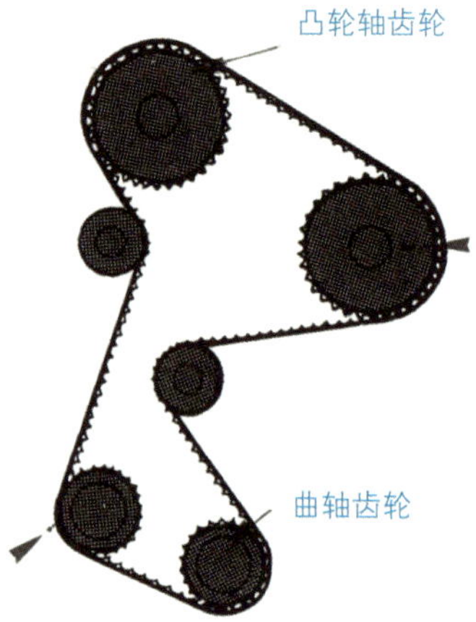

针对传动带

要点：

传动带有一个轮齿出错，就可能对发动机造成严重的后果。要遵守主机厂规定的传动带更换周期（里程数或年数）。传动带断裂，会严重损坏发动机。为了避免这些影响，很多车辆上使用的是自动式张紧轮。

检查喷射系统供油管路 19

本节目标

☐ 检查燃油喷射系统燃油管路

相关工具、资料

☐ 整车技术文件
☐ 检查记录表
☐ 燃油压力表
☐ 量筒
☐ 计时器

准备维修

查阅整车技术文件，了解

- 管路的构成
- 压力
- 流量

准备

- 测量设备
- 灭火器
- 根据主机厂的文件查找发动机停止或休眠时，给燃油泵供电的继电器的接线端子（如果车辆无多路传输系统时）

量筒

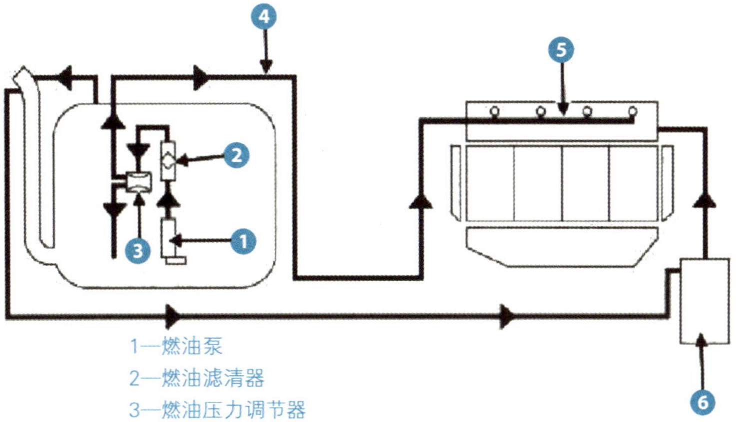

1—燃油泵
2—燃油滤清器
3—燃油压力调节器
4—燃油供油管
5—喷油器油轨
6—燃油箱

燃油供油系统工作原理图

检查—测量

检查供油压力

- 断开与发动机相连的燃油入口管路（与喷油器油轨连接的管路）。
- 连接分流三通器和0~6Pa的燃油压力表。
- 起动发动机。
- 记录下压力值，与技术文件内的数值进行比较。

检查汽油流量

- 根据情况断开供油管或回路管，将管口放入量筒内。
- 让泵工作几秒钟，对比测得的流量值和主机厂规定的流量值。
- 将3号线和5号线（粗线－电脑断开）连接到燃油泵继电器接线端上，起动燃油泵。
- 最小流量：80~120L/h。
- 如果流量很小，则检查供电电压（电压每降低1V，流量降低10%）。

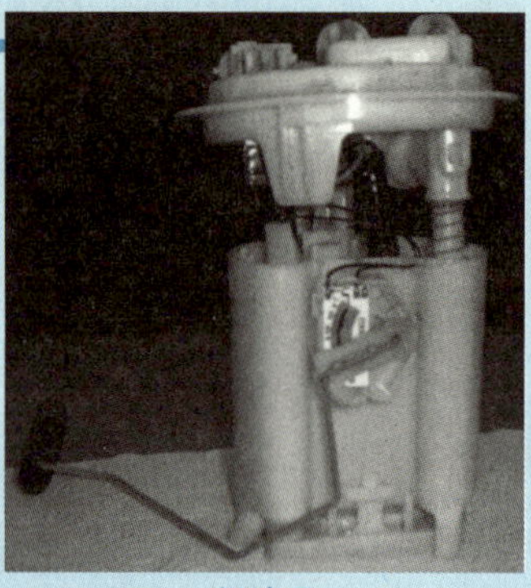

燃油泵

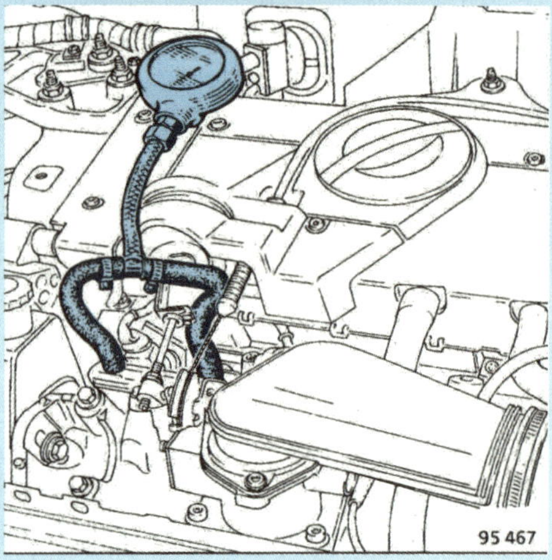

燃油压力测量示例图

要点：

如今，很多车型使用的是无回路的燃油管。压力调节器位于泵-标尺模块内，这种情况下，也就无需使用上述方法测量流量，按照主机厂要求的方法操作即可。

如果车辆配有多路传输系统，则不能给继电器分流，否则有损坏零部件的风险，可以仅仅连接油管来测量供油压力。

检查电喷系统 20

本节目标

☐ 了解系统构成、能够对系统进行诊断、查找故障原因

相关工具、资料

☐ 整车技术文件

☐ 检查记录表

☐ 万用表

☐ 诊断设备（EOBD读取器）

准备维修

查阅技术文件，了解

- 发动机燃油喷射系统类型
- 系统构成
- 零部件在整车内的位置
- 喷射系统电路图
- 主机厂规定值和测量接线端子的位置类型

准备

- 检查空气滤清器的状态
- 检查蓄电池电压和充电电路
- 检查点火系统（火花塞、线圈）
- 准备好万用表和诊断工具
- 检查燃油管路（见第19小节）
- 用尾气分析仪检查尾气的质量（见第23节）

测量设备

EOBD读取器

万用表

检查-测量

需要测量燃油喷射系统几个输入参数，冷却液温度传感器、空气温度传感器、进气压力传感器等。同时还要检查执行器，如喷油器、电子节气门等。技术文件内规定了所有需要检查的零件。

下列检查表有助于查找故障缺陷：

零部件	检查条件	接线端编号	规定值	实测值	结论

- BB00–蓄电池
- C001– 诊断连接器
- BSI–智能伺服盒
- BM34–发动机伺服盒（BSM）
- 0004–仪表
- 1115– 气缸相位传感器
- 1120–爆燃传感器
- 1135–点火线圈
- 1211–燃油泵
- 1215–炭罐电磁阀
- 1220–发动机冷却液温度传感器
- 1241–空气泵
- 1243–可变分配电磁阀
- 1261–加速踏板位置传感器
- 1262–电子节气门
- 1312–进气压力传感器
- 1313–发动机转速传感器
- 1320–ECM喷射电脑
- 1331 1332 1333 1334 喷油器
- 1350–上游氧传感器
- 1351–下游氧传感器
- 1510–电动风扇
- 1630–自动变速器控制器
- 4630–车速表
- 4210–转速表
- 7113–助力转向压力传感器
- 7210–行车控制器
- 7306–离合器开关（速度调节器）
- 7308–制动开关（速度调节器）
- 8080–空调控制器
- 9035–组合仪表台（BTO）station combine
- V1300–诊断仪指示灯

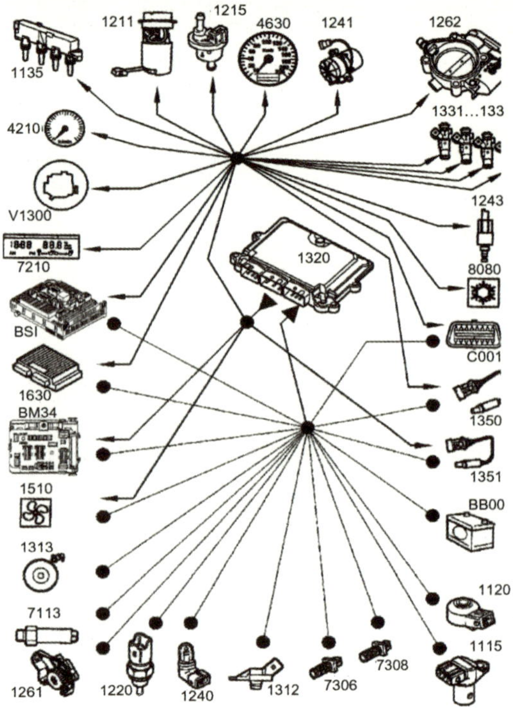

喷射系统中应检查的零部件

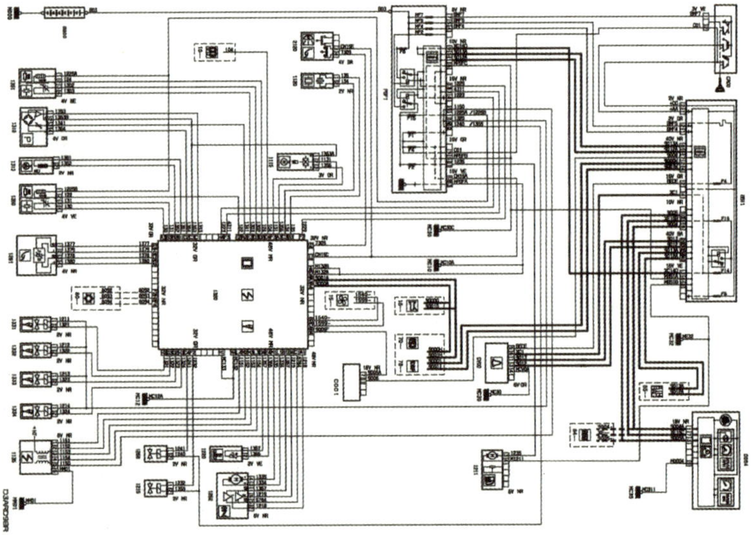

喷射系统电路图

要点:

很多故障会导致连接器接触不良。在进行任何操作前，建议先检查这些连接器。搭铁也是可能会导致故障的因素之一，也需要检查。

EOBD诊断读取器与车辆OBD自动诊断插头相连，从而读取电控系统内部存储的信息和数据。

检查尾气排放 21

本节目标

☐ 利用尾气分析仪检查车辆排放情况

☐ 保证有害气体的含量符合主机厂与法规要求

相关工具、资料

☐ 整车技术资料

☐ 尾气分析仪及其使用说明

☐ 火花塞扳手，塞尺

准备维修

查阅技术文件，了解

- 怠速下的转速
- 测量值
- 测量条件

准备

- 阅读尾气分析使用说明
- 提前打开尾气分析仪，以满足其工作温度要求
- 点火系统（火花塞）和燃油喷射系统状态良好
- 如果车辆在车间内部测试，连接排气管延长管到车间外

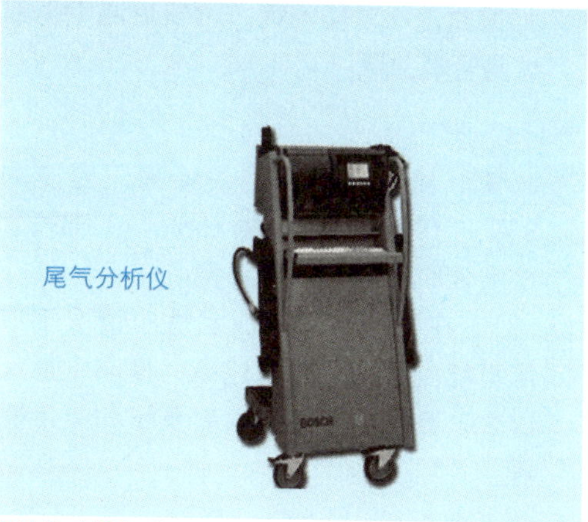

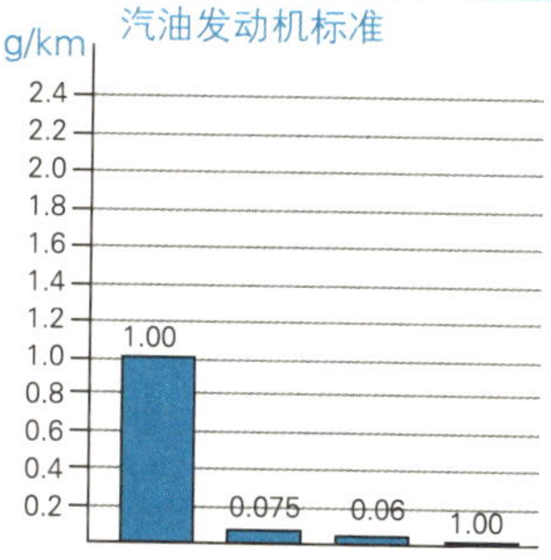

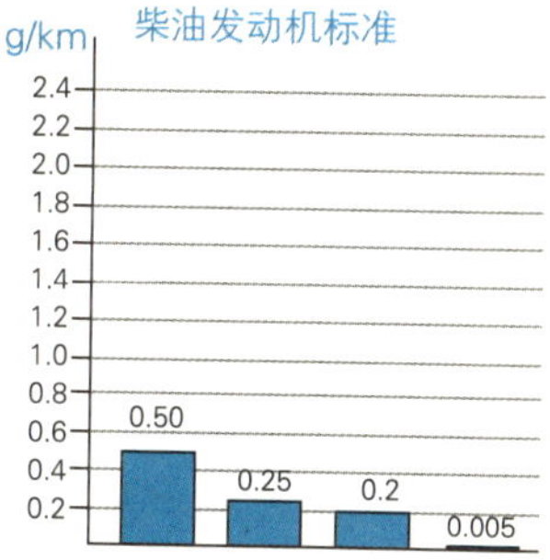

检查-测量

初步检查

① 检查空气滤清器的状态，必要时进行更换。

② 检查火花塞的状态，必要的话进行更换。

③ 检查排气管的状态，不应有泄漏。

④ 起动发动机，稳定在2000r/min，达到正常工作温度要求。

连接尾气分析仪

① 尾气分析仪处于规定工作温度下，并已标定。

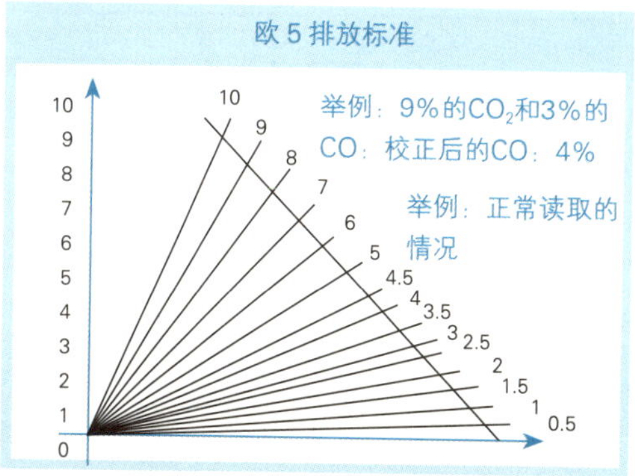

② 发动机处于要求的工作温度下，没有任何耗能功能开启。

③ 在1号气缸上连接高压钳（可能的话）。

④ 调节温度传感器到油尺的长度，进入发动机内。

⑤ 将尾气采集器放到排气出口处。

测量和分析

① 将测量值与主机厂的数值进行比较。

② 如果数值合格的话，打印出一张卡片，上面有日期、车牌号、里程数、车型。

③ 如果数值不合格的话，诊断燃油喷射系统是否有故障。

正常数值范围：

① 二氧化碳：比例应尽可能高（至少为8%～10%，正常值为15%）：排气管口＜8%，或CO含量过高。

② CO：在不影响怠速稳定性的情况下应尽可能小，如果含量过高，说明空燃比过大，需要检查燃油喷射系统和氧传感器。

③ 校正后的CO值=（CO×15）/（CO+CO_2），可以通过仪器上的曲线读取结果。如果仪器能够直接显示数值则可，直接读取。通过降低CO或增加CO_2减小数值。

④ HC：未燃燃油含量，以（1×10^{-6}）为单位，如果数值大于800×10^{-6}，则需要检查点火系统。

⑤ O_2：尾气中氧气质量分数。

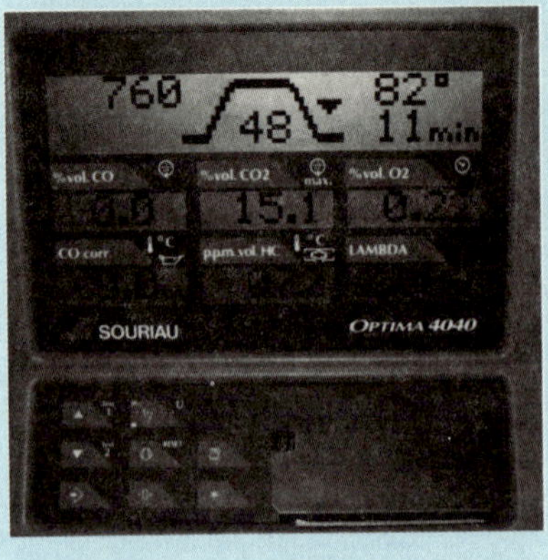

如果以上数值错误，则可能导致的原因有：

CO	* 燃油喷射问题 * 空气滤清器脏污 * 节气门故障 * 火花塞出现故障 * 压力调节器出现故障
HC	* 点火系统： * 火花塞线束出现缺陷 * 点火系统电路故障 * 火花塞出现故障 * 未燃尽 * 混合气不良 * 进气管路密封性不良 * 机械零件故障 * 气缸压缩压力不足 * 气门密封不良
CO_2	* 排气系统的密封性
O_2	* 排气系统的密封性 * 空燃比过稀

	怠速比（每分钟转速）	CO（%）		校正后CO（%）		CO_2（%）	HC（$\times10^{-6}$）	O_2（%）	空燃比
		怠速	加速怠速	怠速	加速怠速				
规定值									
实测值									

要点：

对于三元催化器的发动机，不能进行任何调节。柴油发动机涉及关于尾气浓度的法规规定，可以用烟度计进行检查。

更换燃油滤清器 22

本节目标

- ☐ 学习如何防止高压燃油管路内进入异物
- ☐ 掌握柴油滤清器的更换方法

相关工具、资料

- ☐ 整车技术资料
- ☐ 燃油滤芯或者新的燃油滤清器
- ☐ 用来盛放燃油的器皿
- ☐ 常用工装

准备维修

查阅技术文件，了解

- 燃油滤清器的位置
- 燃油过滤的过程

准备

- 将盛放燃油的器皿放在地上或滤清器的下面
- 清洗整理维修区域

进行维修

拆卸

① 拆卸燃油滤清器支架（需要的话）。

② 松开燃油滤清器支架堵盖和螺钉。

③ 拆卸燃油滤清器芯和密封件。

④ 将密封圈从槽内取出。

⑤ 仔细清洗所有零件。

备注：很多柴油发动机的燃油滤清器是需要整体更换的，包括套接管、连接器等。具体参见主机厂的文件。

重新安装

① 安装新的密封件。

② 安装新的滤芯，检查密封件是否良好

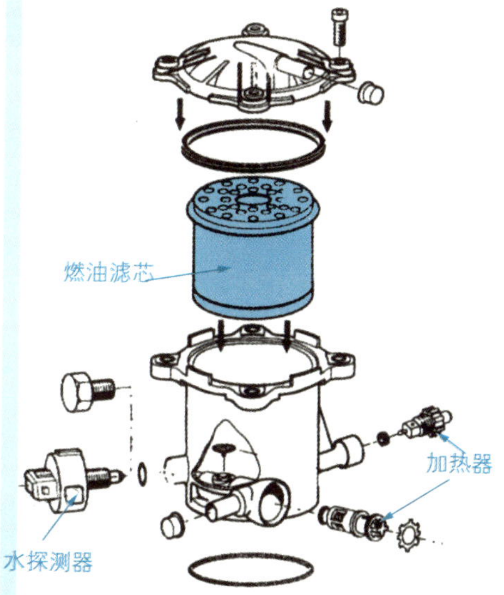

燃油滤清器

③ 连接固定件。

清洗

① 松开燃油滤清器出口或堵盖上的放泄螺钉。

② 起动泵（如果过滤器上有的话），直到柴油里面没有气泡。在过滤的同时，也要排清沉淀器内的水（如果过滤器有此装置的话）。

③ 重新拧紧放泄螺钉。

④ 擦干排出的柴油。

备注：如果燃油滤清器没有起动泵，则在安装之前，需要在燃油滤清器内注入干净和经过过滤的燃油；然后运行起动机，直到发动机起动。

起动

① 检查燃油箱内燃油量。

② 起动。

③ 检查燃油滤清器和连接处是否有泄漏。

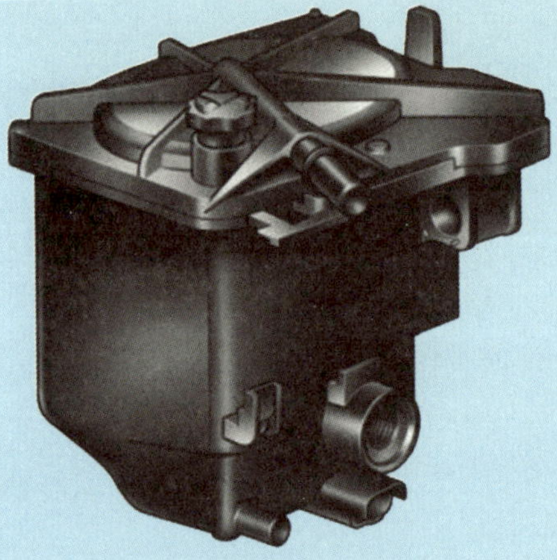

燃油滤清器完整零件

要点：

如果燃油滤清器是自动式，无需手动起动泵，不要断开油管。起动并在1min内慢慢加速。任何情况下均应依照主机厂的文件进行

尤其是高压喷射的发动机，更要注意不要断开油管，并按照主机厂要求的方法进行

更换和调节火花塞 23

本节目标

☐ 掌握火花塞检查和更换的方法

相关工具、资料

☐ 整车技术资料
☐ 火花塞扳手
☐ 塞尺
☐ 火花塞安装软管
☐ 喷枪
☐ 新火花塞

准备维修

查阅技术文件，了解

- 火花塞的生产厂家和类型
- 电极之间的距离

准备

- 火花塞扳手
  尺寸上：
  - 16in的扳手（锥形底座的火花塞）
  - 21in的扳手（平座的火花塞）
  形状上：
  - 铰接的或是竖直的
  - 长的套筒+球头销+加长杆
- 石墨润滑剂
- 拆卸之前用压缩空气吹火花塞孔

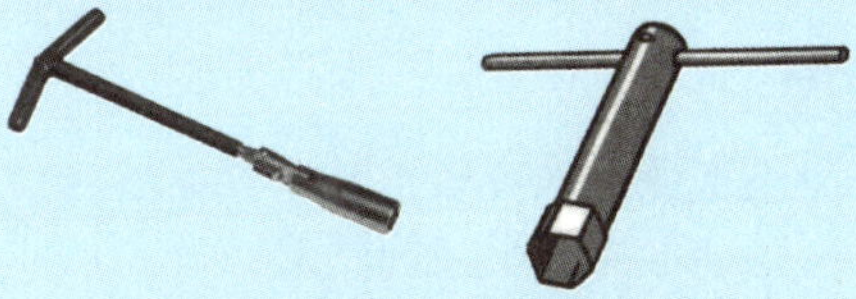

火花塞扳手

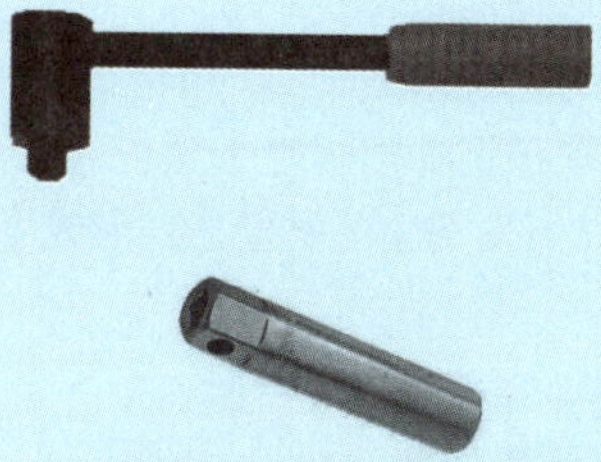

加长杆+火花塞扳手（拧紧力矩有限定值）

加长杆+火花塞扳手（拧紧力矩有限定值）

火花塞

进行维修

拆卸

① 断开火花塞接线。
② 松开火花塞，可以放一个套管，增加操作力。
③ 堵住火花塞孔，防止异物进入发动机。

检查

① 火花塞及塞孔螺纹不应有损坏。

1in=25.4mm

② 通过观察火花塞电极上沉淀物的状态，可以知晓发动机的状态：
- 电极潮湿：火花塞潮湿，点火缺陷。
- 有黑烟：混合气太浓，空气滤清器堵塞，燃油喷射系统问题。
- 有氧化皮：烧机油，发动机机油消耗过大（活塞环磨损）。
- 有白色沉淀物：二氧化硅，空气滤清器工作不良。正常的状态应该是白灰色，无沉淀。

③ 根据主机厂的技术文件，利用塞尺，将火花塞间隙距离从0.6mm调整到1mm。

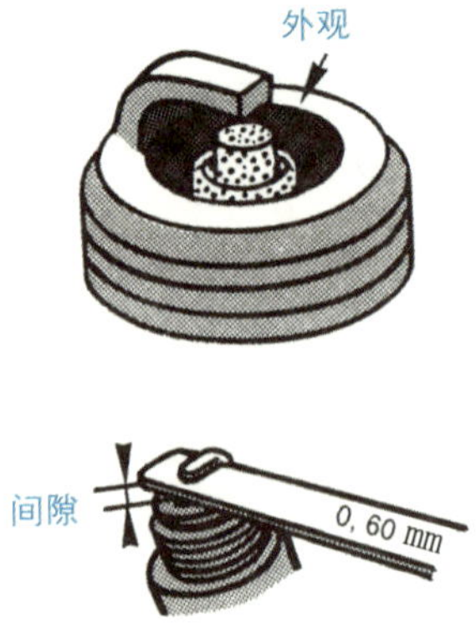

更换

① 当沉淀物较大或较多时：
- 说明中央电极烧蚀严重。
- 说明已超出使用期限。
- 更换火花塞。

② 检查：
- 火花塞的类型。
- 火花塞底的相似性（短的或长的）。
- 火花塞支撑座的类型（锥形或平整）。

重装

① 重新安装之前，检查间隔距离。

② 给螺纹涂机油。
- 用扳手按照主机厂规定的力矩值拧紧。
- 锥形底座火花塞：20 N·m。
- 密封垫圈式火花塞：30 N·m。

③ 连接火花塞线或重装火花塞线。

④ 试车。

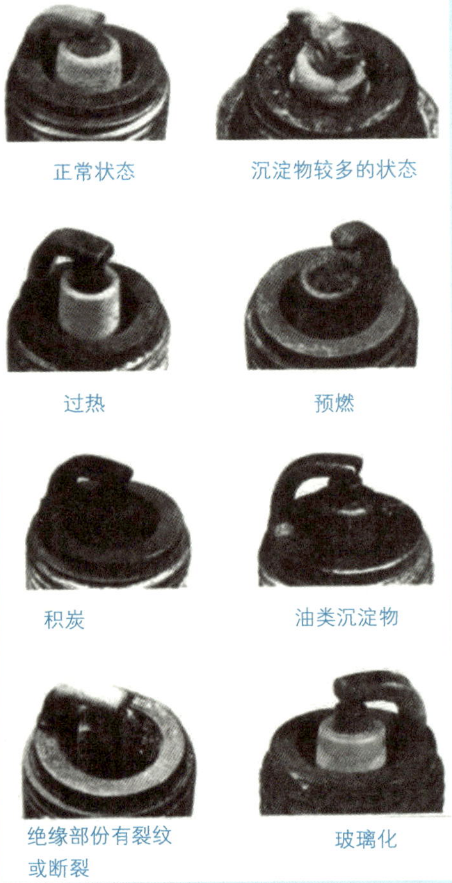

火花塞的几种状态

要点：

拧紧时，火花塞扳手不能接加长杆，因为其长度是经过计算得出的，可是实施正确的力矩值。

在气缸还处于高温状态时不要安装火花塞。

检查点火系统 24

本节目标

□ 了解点火系统的各零部件
□ 学习如何检查点火系统

相关工具、资料

□ 整车技术资料
□ 检查记录表
□ 万用表或诊断仪
□ 示波器
□ 常用工装

准备维修

查阅技术文件，了解

- 发动机点火类型
- 电路图
- 各接线柱的标号
- 主机厂的方法要求
- 主机厂规定的数值

准备

- 准备万用表或相关工具盒
- 进行预检查：
  - 火花塞处有无火花
  - 蓄电池（最小电压12V，具体见相关文件）
  - 检查火花塞的状态（见第23节）
  - 检查高压线的状态（点火线束）及其连通性（$1500\ \Omega \leqslant R \leqslant 2000\ \Omega$）。如果欧姆表显示电阻无限大，说明线束断线。
- 确认燃油喷射系统工作正常

示波器

双静态点火线圈

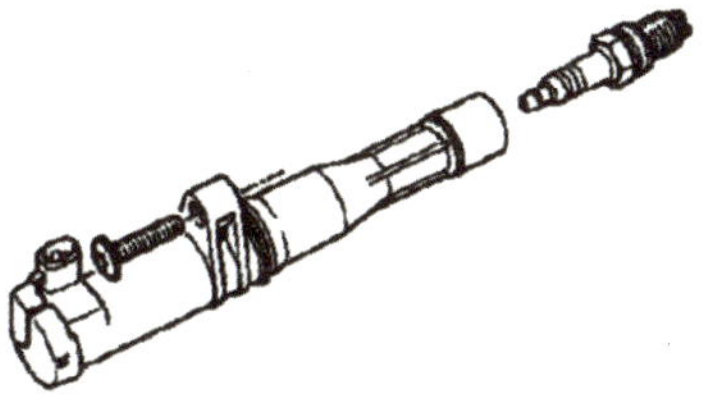

火花塞及接线

火花塞供电（举例）

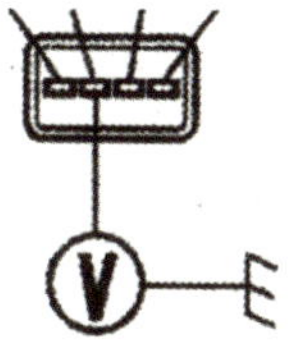

检查-测量

① 确认点火顺序（针对静态点火）。

② 用欧姆表检查发动机电路上的熔丝，$R=0\ \Omega$。

③ 用电压表检查发动机电脑+APC供电是否

正常，U=蓄电池电压。

④ 用欧姆表检查发动机电脑的搭铁：R=0 Ω。

⑤ 检查点火线路的连通性（线圈，电脑）。

⑥ 用欧姆表检查点火线路和发动机电脑之间的连通性：R=0 Ω。

⑦ 用欧姆表检查点火线圈的电阻：0.1 Ω≤R≤1 Ω（具体依据主机厂的要求）。

⑧ 用欧姆表检查点火线圈的电阻：9000 Ω≤R≤15000 Ω（具体依据主机厂的要求）。

⑨ 用电压表测量点火线圈的供电：U = 蓄电池的电压。

⑩. 用欧姆表检查转速传感器的电阻和位置。

⑪. 用示波器检查传感器发出的信号（发动机旋转）。

⑫. 用欧姆表检查速度传感器和发动机电脑之间的连通性。

⑬. 用欧姆表检查进气压力传感器内部电阻（具体依据主机厂的要求）。

⑭. 用电压表检查发动机电脑对进气压力传感器供电是否正常：U=5V。

⑮. 用欧姆表检查进气压力传感器和电脑之间的连通性。

⑯. 用电压表和真空泵检查进气压力传感器发出的信号：U=5V；大气压力下200mb：U=2.2V（具体依据主机厂的要求）。

⑰. 如果所有检查都正常，则尝试起动车辆，如果故障依然存在，则更换发动机电脑。

要点：

如果断开火花塞的线路，直接在发动机上尝试，出现火花的话，说明点火系统可能存在缺陷。这种情况下，建议采用“火花放电器”进行检查。

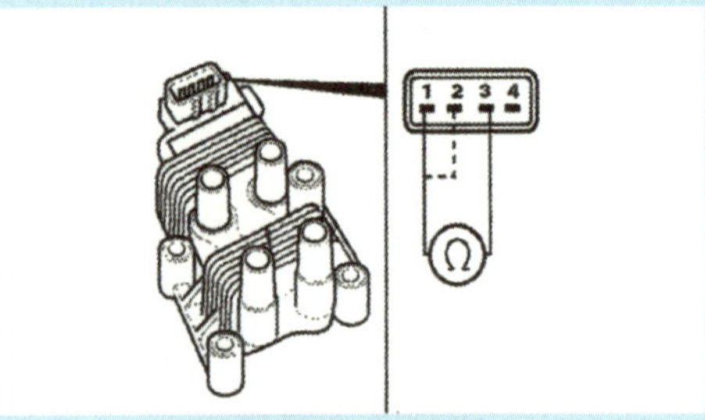

双静态点火线圈初始电阻

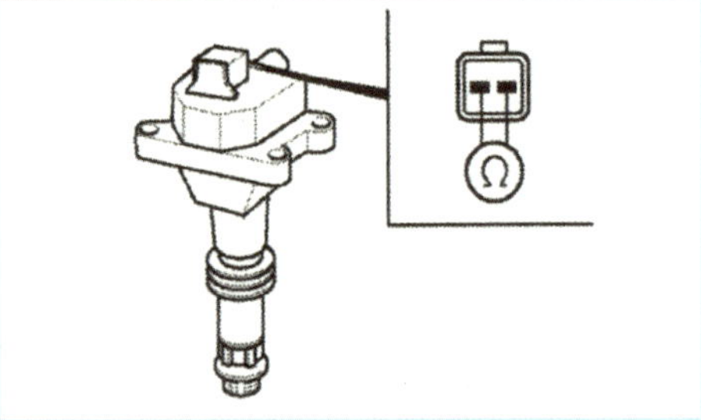

静态线圈初始电阻

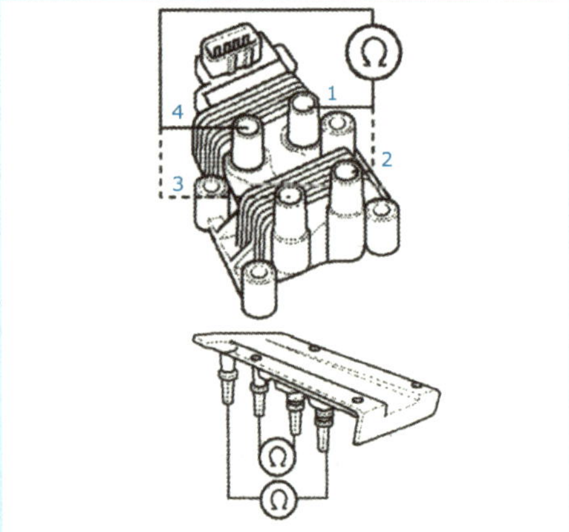

静态点火线圈电阻

1~4—插接口

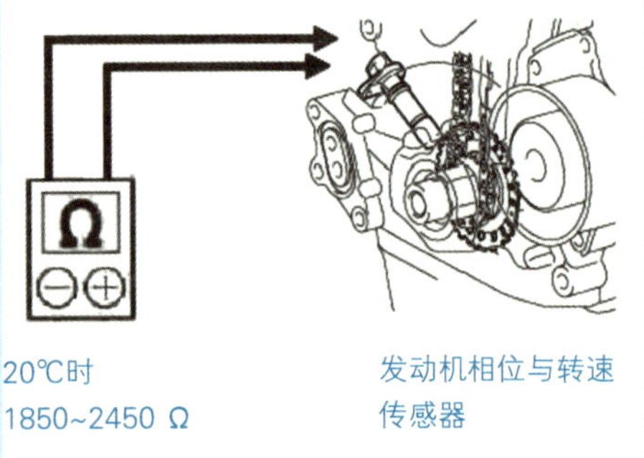

发动机相位与转速传感器电阻

检查和调节离合器踏板间隙 25

本节目标

□ 保证在离合器分离的状态下，机械装置不受应力；否则有传动力时，离合器压盘容易打滑

相关工具、资料

□ 整车技术文件

□ 常用工具

准备维修

查阅技术文件，了解

- 离合器踏板间隙
- 离合器控制方式（拉索或液压）
- 间隙值
- 主机厂规定的方法

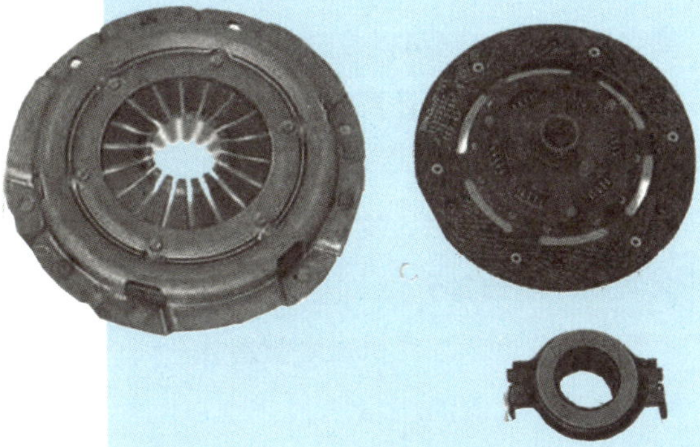

离合器套件

进行维修

初步检查

① 挡块与机械装置支撑良好。

② 测量踏板松开和踩到底之间的间隙。

注意：这种情况下制动踏板和离合器踏板位于相同的高度。

检查

① 离合器控制装置在整个行程上无卡滞点。

② 离合器拉索与前围挡板固定接合良好。

③ 离合器拉索的走向。

调节

① 松开螺纹杆或护套上的防松螺母。

② 旋转调节螺母，以调节间隙到规定值。

③ 重新拧紧防松螺母。

④ 再次检查。

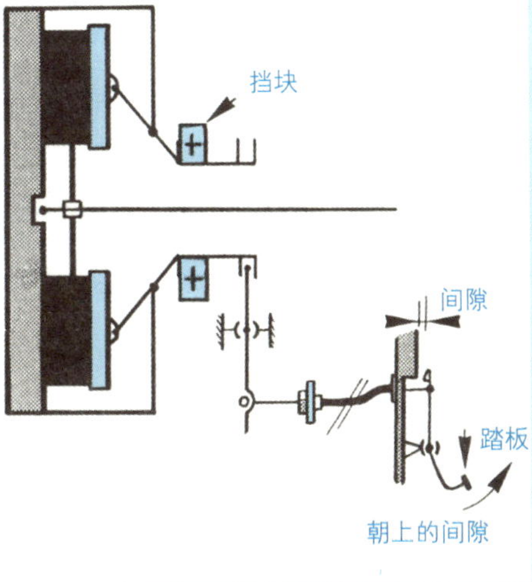

如果控制装置是自动补偿间隙拉索式，则需要查询主机厂的方法要求。

如果是液压控制式的，则调节液压缸推杆，有些液压缸不包含调节装置，此时，如果间隙太大，则需要对液压管路进行清洗（具体依据主机厂的方法）。

清洗液压管路时，不要使用自动清洗装置，后者可能导致管路内制动液的乳化，如出现乳化应更换新的制动液。

检查

① 拉紧驻车制动手柄，让发动机旋转。

② 离合器分离，挂至4档或5档。

③ 让发动机加速，松开离合器踏板：发动机应该立即熄火。

④ 如果调整间隙过后，发动机仍不能立即熄火，则可能是由于：

- 离合器片磨损或者机械装置磨损。
- 离合器片上有油。
- 以上任何一种情况，均需更换离合器（见26节）。

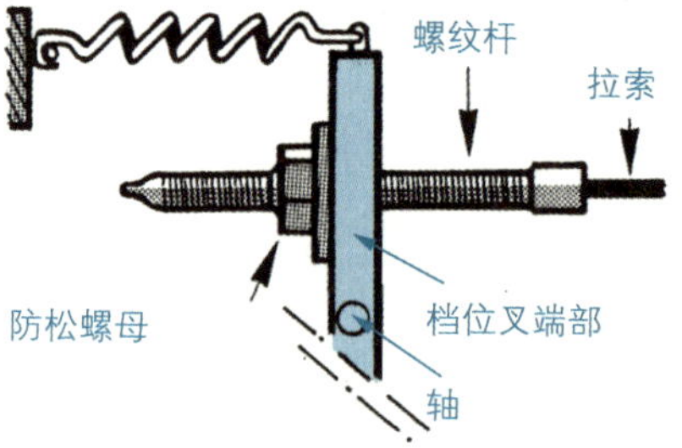

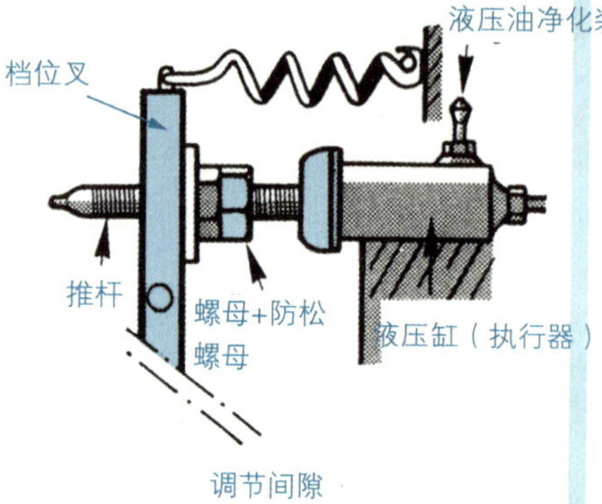

要点：

针对自动离合器的车辆，功能的正常运行与液压操纵装置内油量也有关系。

更换与检查离合器

本节目标

- ☐ 学习如何诊断离合器系统
- ☐ 掌握离合器拆卸、重装方法

相关工具、资料

- ☐ 整车技术文件
- ☐ 常用工装
- ☐ 离合器定位装置
- ☐ 电动扳手
- ☐ 新的离合器套件（更换整个零件的情况）

准备维修

查阅技术文件，了解

- ▶ 拆卸方法
- ▶ 拧紧力矩
- ▶ 离合器间隙调节方法

准备

拆卸变速器：

- ▶ 排空变速器
- ▶ 拆卸车轮、制动钳等
- ▶ 拆卸左、右侧传动装置
- ▶ 拆卸起动机
- ▶ 拆卸变速器操纵杆系
- ▶ 拆卸排气隔栅一侧的排气管卡环
- ▶ 拆卸离合器外壳固定螺钉
- ▶ 断开发动机与变速器

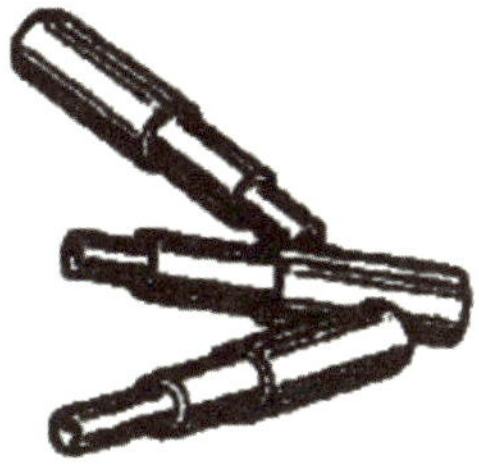

离合器对中器

进行维修

拆卸

① 标记机械机构与发动机飞轮的相对位置，保持发动机飞轮不动。

② 逐渐松开机械装置的固定螺钉。

③ 拆卸机械装置，同时防止离合器盘掉落，立即观察离合器盘的方向（是偏向发动机飞轮侧还是变速器侧）。

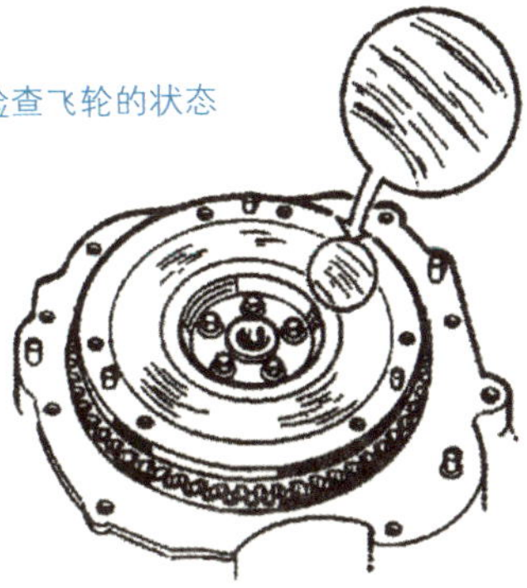

④ 拆卸挡块。

检查

① 离合器

- 离合器片是否磨损到铆钉露头。
- 离合器片上是否有油痕。
- 弹簧是否有断裂或间隙过大。
- 凹槽是否有损坏。

② 机械装置

- 是否有变形。
- 与挡块之间是否有磨损。
- 压盘是否有划伤或变色。

③ 挡块

- 旋转转环，转环旋转应无噪声，且可立即停止。
- 固定销没有断裂、没有变形。

④ 档位拨叉：端部是否有磨损。

⑤ 飞轮：受应力的一面是否有磨损或变色（某些情况下可以校正）。

准备重装

① 对飞轮和离合器外壳进行清洗和去油。

② 盖上机械装置的压盘。

③ 用少量机油对以下零件进行润滑：

- 挡块导销。
- 档位拨叉铰链及支座。
- 导轴和轴承的引导环。
- 主动轴凹槽。

注：严格控制润滑用油量，油量过多均可能导致离合器损坏

重装

① 轻轻给离合盘凹槽涂油。

② 重装安装离合盘，将离合器对中销放入飞轮旋转环内（注意离合盘的方向）。

③ 按照拆卸时做的标记重新安装机械装置（不更换新的机械装置的情况下）。

④ 按照规定的力矩拧紧机械装置的固定螺钉。

⑤ 装配挡块及其导向装置，检查其位置。

⑥ 重新安装变速器。

⑦ 需要的话，调节离合器片（方法见第25节）。

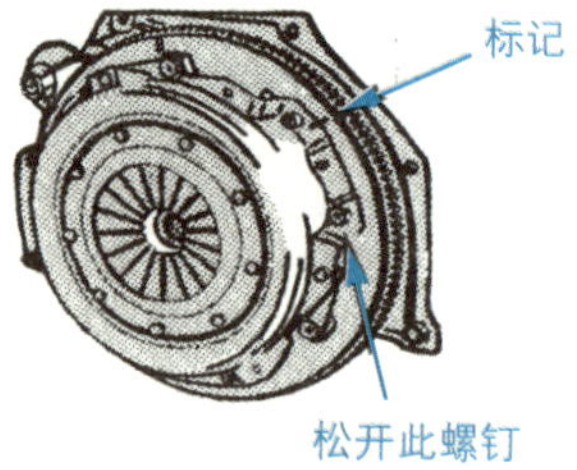

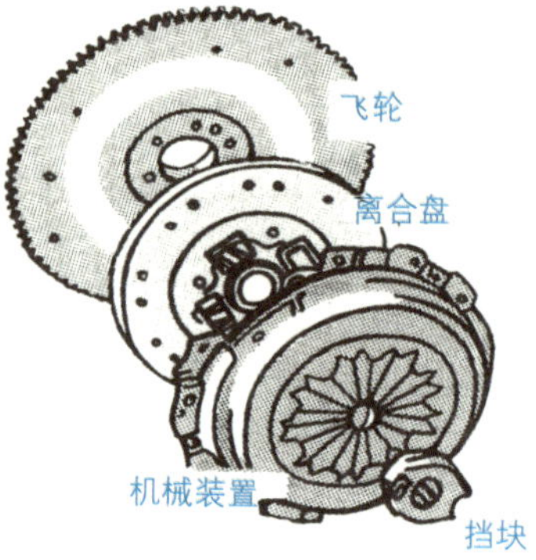

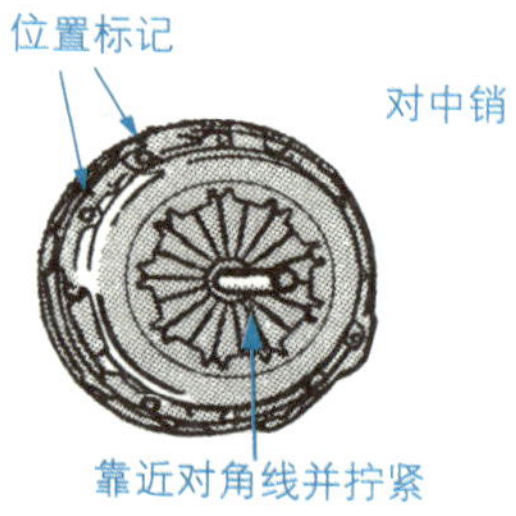

要点：

不要忘记重新向变速器内加油及调节离合器片，必要的话，测试离合器性能。

如果出现需要更换零件的情况，建议更换整个零件（离合器+机械装置+挡块）。

更换传动装置

本节目标

☐ 学习如何拆卸和安装车辆传动装置

相关工具、资料

☐ 整车技术文件
☐ 常用工装
☐ 球头销顶拔器
☐ 与传动螺母直径相匹配的套筒
☐ 新的传动机构

准备维修

查阅技术文件，了解

- 针对该车型的维修方法要求
- 变速器内专用润滑油的含量
- 拧紧力矩（制动钳、球头销、螺母等）

准备

- 清空变速器

进行维修

拆卸

① 拆卸车轮装饰条（需要的话）。

② 如果车轮上有对中孔的话，松开轮毂的螺母、车轮固定螺钉。用千斤顶抬起待拆卸的前侧，拆卸轮胎，完全松开轮毂固定螺母。

③ 拆卸整个制动钳，将其挂起来，使制动软管无张紧力（不要松开软管）。

④ 用顶拔器取出转向头销。

⑤ 分开转向节支架与下悬架臂（下球头销）。

⑥ 向内推传动系统，移开转向节支架。

注：如果出现卡滞点，则检查轮毂螺母。用

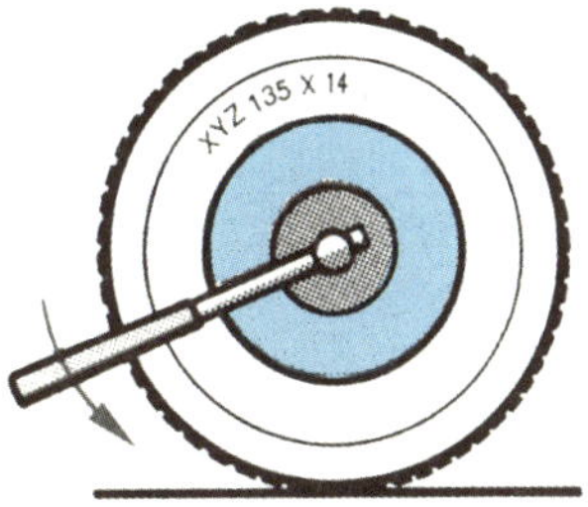

松开轮毂螺母

锤子轻敲几下。

⑦ 将传动轴一端从转向节支架中取出。

⑧ 拆卸变速器/驱动桥总成侧固定系统。

⑨ 拉传动轴（把手放在护套后面，以防止受伤）。

重装

① 清洗新传动轴基座两端，去油。

② 嵌入变速器/驱动桥总成一侧。

③ 将花键安装到轮毂内，不要拍击；拧上螺母（新螺母）。

④ 将转向节支座固定到下臂上；拧上固定转向节销的新螺母。

⑤将制动钳固定到支架上（用扭力扳手）。

⑥安装制动片，检查整个制动系统的状态（是否有泄漏、磨损、制动盘上是否有毛刺等）。

⑦ 重新安装车轮，按照规定的力矩值拧紧轮毂螺母。

⑧ 向变速器内加油，踩几次制动踏板，使制动片靠近制动盘。

⑨ 试驾一下车辆。

要点：

给变速器加油时，应使用新油。

球头销顶拔器

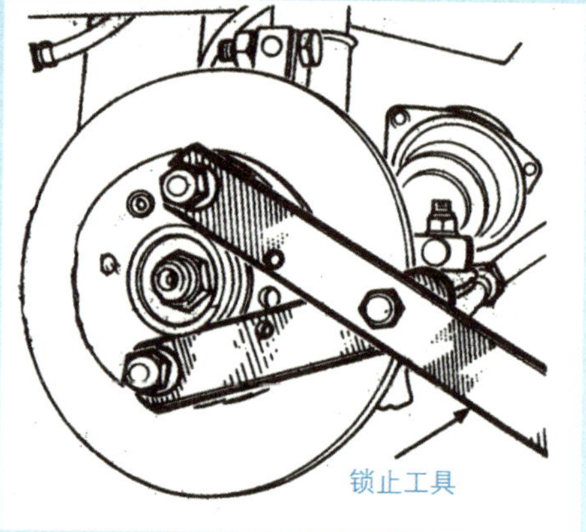

更换传动轴护套（三脚架式连接）

28

本节目标

☐ 在护套出现破损，或传动系统出现较大间隙后，更换传动轴护套

相关工具、资料

☐ 整车技术文件
☐ 常用工装
☐ 安装锥（三销轴叉）
☐ 弹簧钳
☐ 新的护套（已进行润滑）

准备维修

查阅技术文件，了解

- 针对该类等速万向节的拆卸方法
- 传动系统的安装方式

准备

- 拆下待维修一侧的传动系统（见第27节）

进行维修

针对三脚架式连接的万向节，应更换车轮侧护套。针对变速器侧护套，需要按照主机厂要求的工艺方法进行。

拆卸：

① 用钳子断开卡环，注意不要损坏碗形主轴的凹槽（图1）。
② 最大限度清除油污。
③ 拆掉星形器的支条，分开碗形主轴与传动轴。

注：

- 不要弄弯星形器的支条。
- 拆下并放好球头销、弹簧、球头销下的垫块。
- 球头销下垫块的厚度是与原始轴向间隙相配合的，要保存好，重装时需要使用。

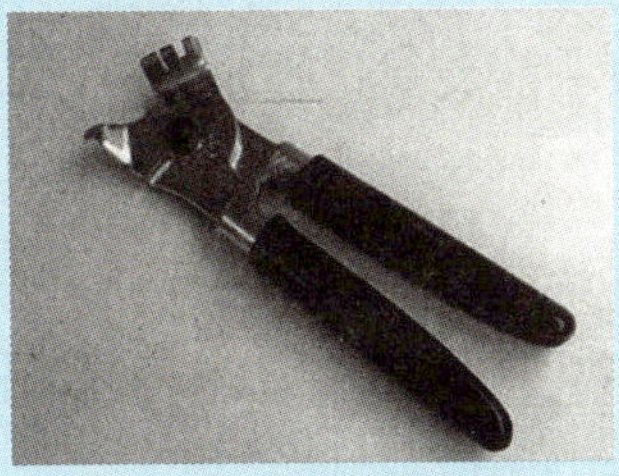

传动轴护套卡环拆装钳子（弹簧式）

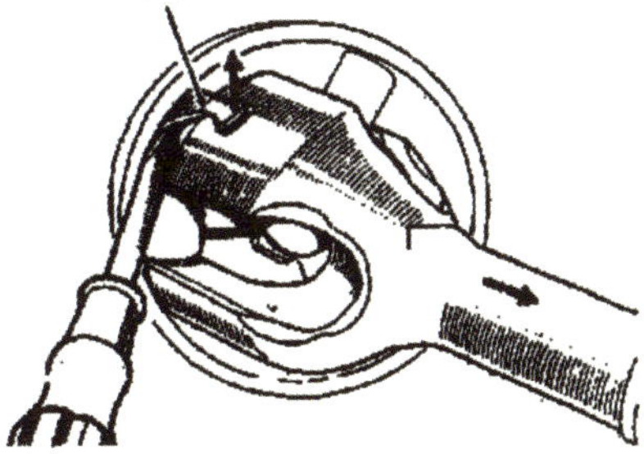

图1

④ 完整地为零件去油。

重新安装

① 将传动轴斜着放在装有垫片的台虎钳内。

② 把工具插到安装锥（三销轴叉）底部（图2）。

③ 给工具和护套内部进行润滑。

④ 将护套放在工具一端上。

⑤ 将手上缠上干净的布，放在护套上，扩大其第一条褶皱。

⑥ 用另一只手拉，注意不要再次翻折第一条褶皱。

⑦ 将护套放在最接近工具圆柱体的位置，让其回转半个行程（图3）。

⑧ 重复进行几次此操作（最多5次），使护套橡胶部分变柔软。操作过程中可以再次对工具进行润滑。当感觉滑动比较容易后，将护套放到工具圆柱体上。将弹簧和球头销放到三角架内。

⑨ 将滑轮调整到朝向中心。固定星形器（图2和图4）。

⑩ 将安装锥（三销轴叉）放入碗形主轴内。翻转主轴，将星形器的一个支条卡入安装锥（三销轴叉）凹槽内，按压一下使其正确对中。其他两个支条即可用螺钉旋具等很容易地安装到位。

⑪ 检查星形器支条是否正确卡入卡槽内。将轴斜着放到星形器支条平面上，球头销在弹簧的作用下会脱开。

⑫ 将垫块安装到球头销头下方，不应超 过头部。手工检查下万向节是否工作正常。不应出现阻滞点。对护套和碗形主轴进行润滑。

⑬ 将护套的两个支座固定到碗形主轴的凹槽内，支撑在传动管上。

⑭ 用钳子固定护套的两个卡环。

图2

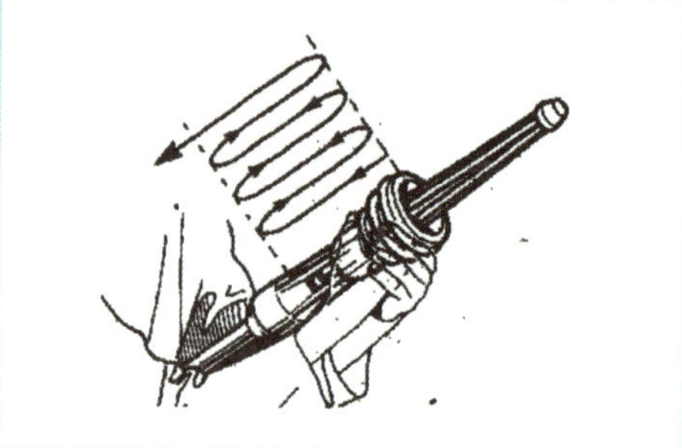

图3

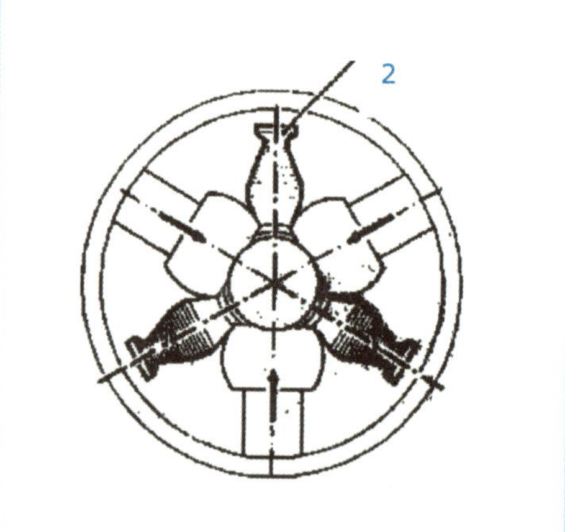

图4

要点:

如果是行驶里程数较大的变速器，并普遍出现了磨损，建议更换新的变速器。

更换传动轴护套（滚子式连接）

29

本节目标

☐ 当护套出现损坏或传动系统出现较大间隙时，应更换传动轴护套

相关工具、资料

☐ 整车技术文件
☐ 常用工装
☐ 锥形管
☐ 弹簧钳（护套）
☐ 新护套

准备维修

查阅技术文件，了解

- 等速万向节特殊拆卸方法
- 传动类型

准备

- 拆卸相关一侧的传动轴（见第27节）

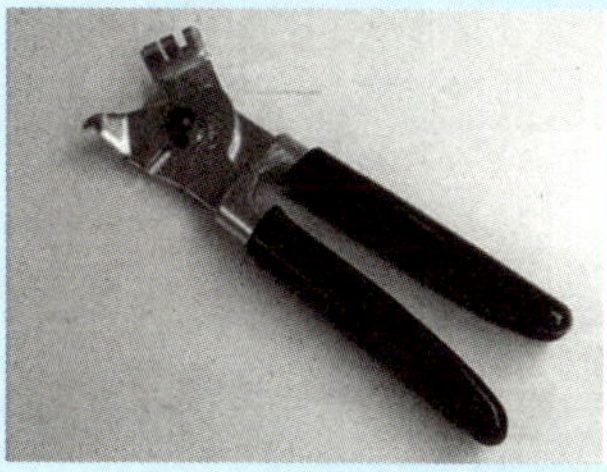

拆卸护套卡环的钳子

进行维修

本小节只给出了轮胎侧万向节护套的更换方法。变速器侧的万向节护套，应按照主机厂要求的方法进行更换。

拆卸

① 断开卡环和护套。

② 最大限度清除油污。

③ 拆下止动环（图示7），同时敲击几下连杆衬套的正面（5）。

④ 分开轴与万向节。

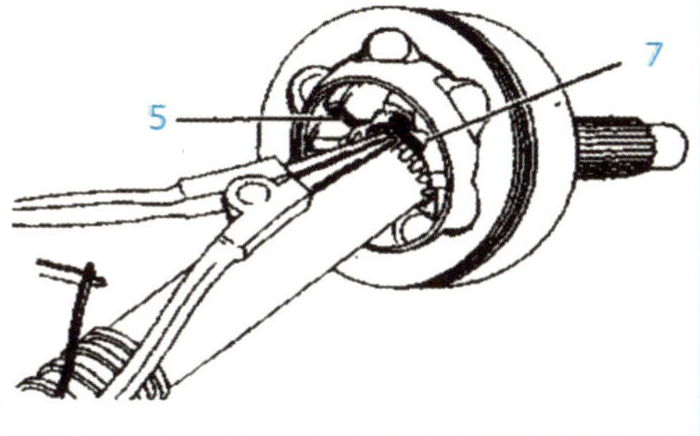

止动环和滚子式轮毂

重新安装

① 将橡胶环（A）、护套（3）固定在轴（2）上。

② 将装配了止动环的万向节（1）安装在轴槽上，直至轴槽挡块（B）。

③ 对护套和碗形轴颈进行润滑。

④ 将护套唇边固定进传动轴和碗形轴颈的凹槽内。

⑤ 用夹钳固定两个护套卡环。

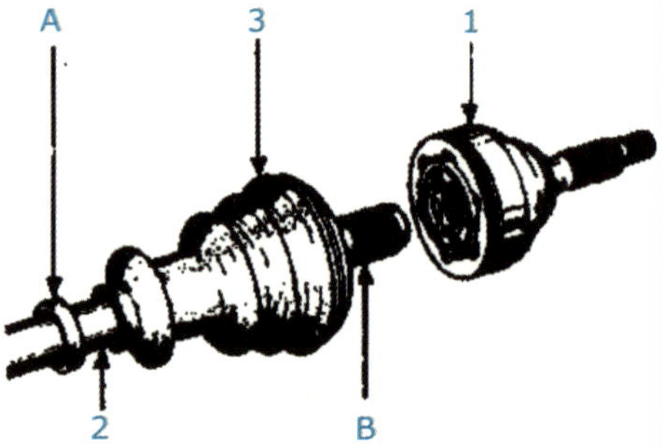

重新安装传动护套

要点：

针对车轮侧万向节护套，可以借助专用安装工具，在不拆卸传动系统的情况下，将其拆卸下来。

检查和调节变速器 30

本节目标

- ☐ 拆卸和重新安装变速器，并识别和检查各部件、诊断变速器故障
- ☐ 更换缺陷零件

相关工具、资料

- ☐ 整车技术文件
- ☐ 检查记录卡
- ☐ 常用工装
- ☐ 扭力扳手
- ☐ 专用工具

准备维修

查阅技术文件，了解

- 主机厂维修工艺要求
- 拧紧力矩值
- 调节值
- 专用工具的编号

准备

- 排空变速器
- 拆卸变速器（见第26节和主机厂技术文件）
- 条件允许的话，将变速器放在合适的支架上
- 工作台面整理干净整洁
- 准备好收纳盒，放置各类零件

进行维修

拆卸

① 按照主机厂要求的拆卸顺序操作，使用其要求的专用工具。在纸板上标记螺钉的长度。

② 给变速器的各零部件做上标记，包括其方向、位置。分类放置在收纳盒内：

- 一轴及其元件。
- 二轴及其元件。

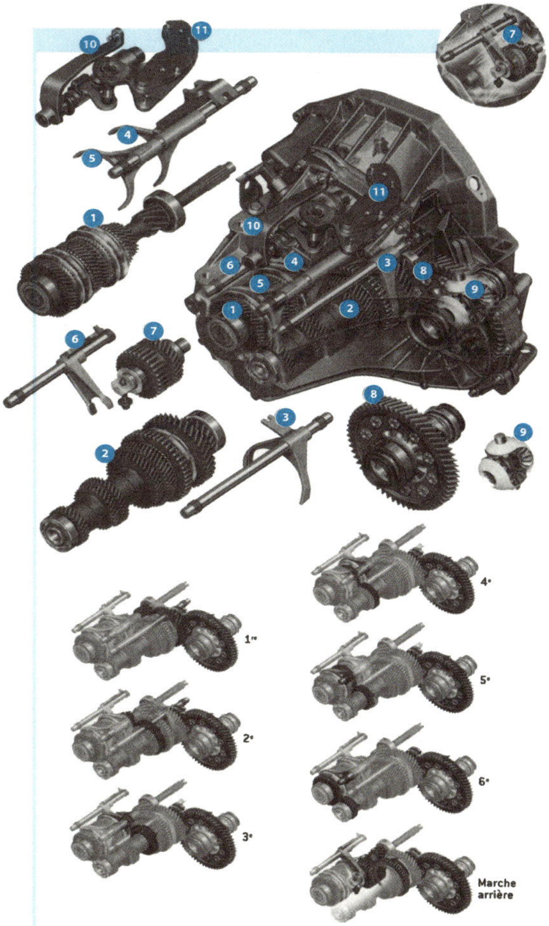

1. 一轴
2. 二轴
3. 1档–2档拨叉
4. 3档–4档拨叉
5. 5档–6档拨叉
6. 倒档拨叉
7. 倒车轴
8. 差速器环
9. 差速器
10. 档位选择机械机构
11. 变速杆

- 1档、2档、3档、4档、5档齿轮及同步器。
- 倒档齿轮系及拨叉系统。
- 滑轨、档位拨叉、锁止机构。
- 差速齿环及其元件（转换轴）。

检查与更换（需要的话）

① 齿轮的轮齿磨损不能超限，传动一侧的齿面不要有脱落。

② 同步器环上不要有磨损痕迹。

③ 棘爪侧边缘不要太锋利。

④ 同步器锁止系统不要有损坏（连杆、弹簧、定位键）。

⑤ 轴承的状态（噪声、间隙）。

⑥ 档位拨叉重新放入同步器凹槽内时是否有磨损。

⑦ 滑块是否与锁止钢球凹槽相匹配。

⑧ 钢球和锁止弹簧的状态。

⑨ 导轨和控制装置侧选择器的状态。

注意：必要时可更换相关元件。

重新安装与调整

① 将各个轴重新装回其对应的位置，一端固定（不能有机械应力和热应力），4个连接点上应是：

- 轴在轴承内：一侧固定→凸肩位于轴上；另一侧不动→固定螺母。
- 轴+轴承在壳体内：一侧固定→壳体内镗孔和开槽；另一侧不动→盖上盖板。

② 根据变速器的类型，使用规定的专用工具，进行其他主机厂要求的调节：比如针对一个纵向发动机的转换轴：锥面距离，轮齿的间隙、轴承的预紧固力矩等。

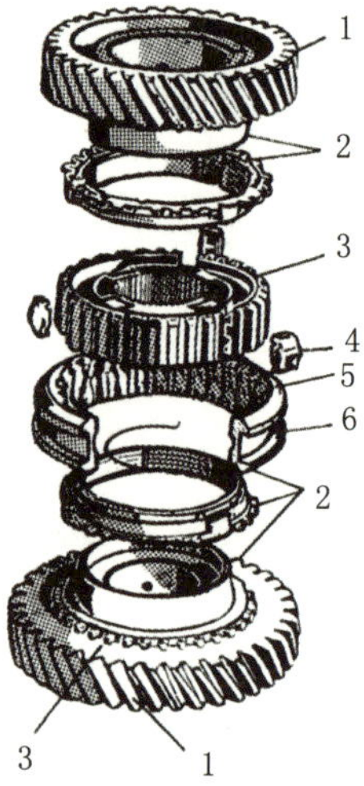

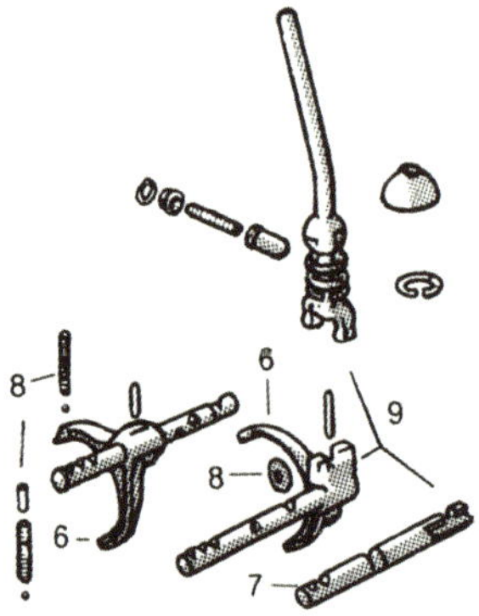

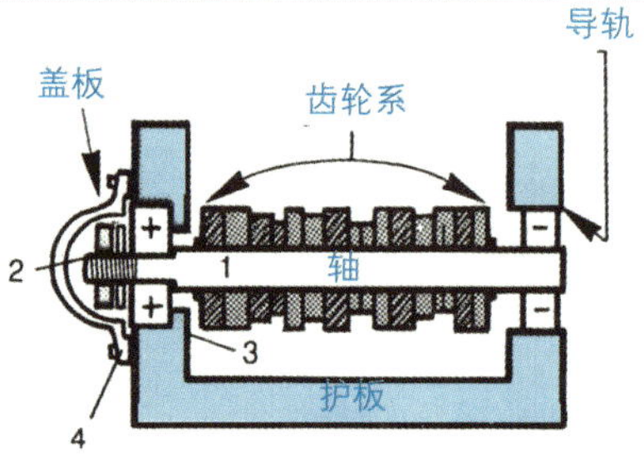

安装轴

要点：

如果是行驶里程数较大的变速器，并普遍出现了磨损，建议更换新的变速器

检查制动系统 31

本节目标

☐ 在进行台架检查之前，能对制动系统进行准确的预诊断

相关工具、资料

☐ 整车技术文件
☐ 检查记录表
☐ 常用工具
☐ 度量工具
☐ 制动钳活塞推动工具
☐ 制动液检查设备

准备维修

查阅技术文件，了解

- 安装类型：4个制动盘或前后制动盘
- 双管路的连接方式
- 制动校正器的类型
- ABS的类型
- 制动盘的特征：
  - 制动钳的类型
  - 制动盘的额定直径
  - 制动盘的额定厚度和磨损后最小厚度
  - 制动盘的最大弯曲量
  - 制动盘厚度的最大公差
  - 制动片的允许最小厚度
- 鼓式制动器的特征：
  - 制动鼓的额定直径和磨损后最大值
  - 最大变形量
  - 护板的最小厚度
- 液压管路的特征：
  - 制动液的类型
  - 更换周期
- 拧紧力矩
- 制动系统手工调节方法
- 制动片和鼓式制动器中制动蹄拆卸方法

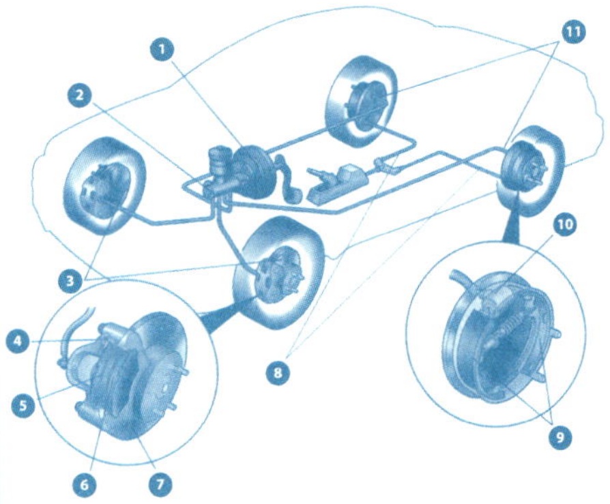

1. 伺服制动器
2. 制动主缸
3. 前制动器
4. 磨损指示灯
5. 内制动片
6. 外制动片
7. 制动盘
8. 驻车制动拉索
9. 活塞环
10. 制动轮缸
11. 后制动器

进行维修

① 检查：提示制动液不足或制动片磨损超

限的红色指示灯未亮起。

② 检查：橙色ABS故障指示灯未亮起。

1.盘式制动器

① 拆卸制动片（见第32节）。

② 检查制动片的厚度。

③ 检查制动盘的可用性：制动盘边缘的直径、厚度。

④ 用千分尺检查几个不同直径处的制动盘的厚度，选取4点。

⑤ 用百分表及其磁性支架检查制动盘的变形及其表面状态，与主机厂的数值进行比较，在不超过最小厚度的条件下可以进行校正。

⑥ 检查防尘盖周围、制动盘、制动片的油污。用木质垫块推活塞，并连接在制动缸内，检查工作是否正常（建议最好使用活塞推动专用工具）。

⑦ 记录所有测得值，必要的话进行更换或返修。

2.鼓式制动器

① 拆卸制动鼓。

② 测量制动鼓边缘的额定直径。

③ 在制动鼓上选取2点，测量直径。

④ 测量制动鼓的变形。

⑤ 检查制动鼓表面状态。在不超过最大直径的前提下可以进行校正。测量护板的厚度及其表面状态：有无油污、划伤等。

⑥ 手动操作一下活塞，检查是否有卡滞。

⑦ 隔开防尘罩，检查是否泄漏。手动操作驻车制动系统，检查拉索是否滑行良好及棘齿的间隙。

3.液压管路

① 检查主缸：发动机处于工作状态，制动器处于工作状态→踏板的行程应较短。按压约1min，踏板不应触到地面。检查制动油箱内制动液的液位。

② 检查软管或硬管。

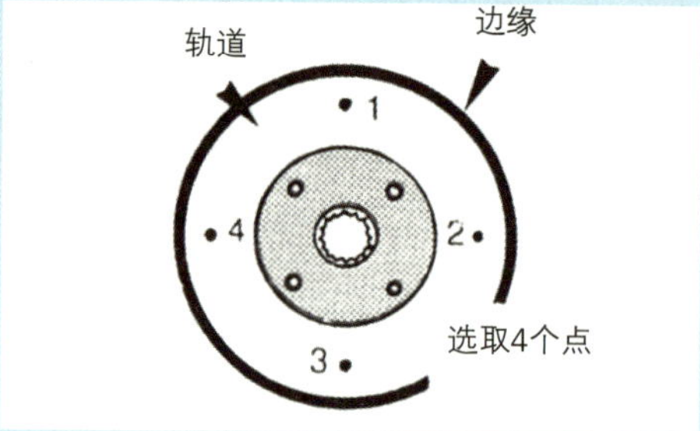

检查制动盘的磨损

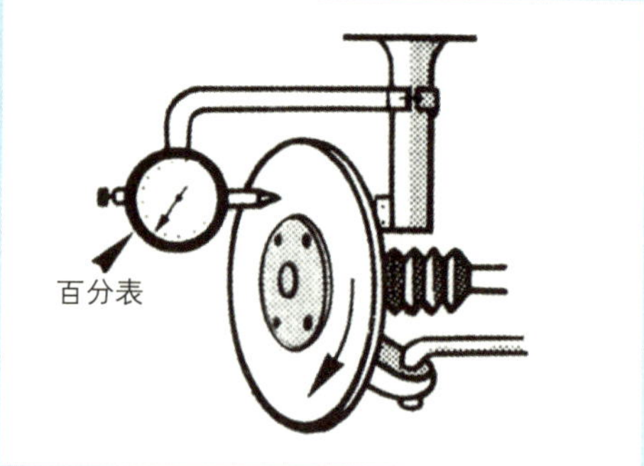

检查盘表面变形

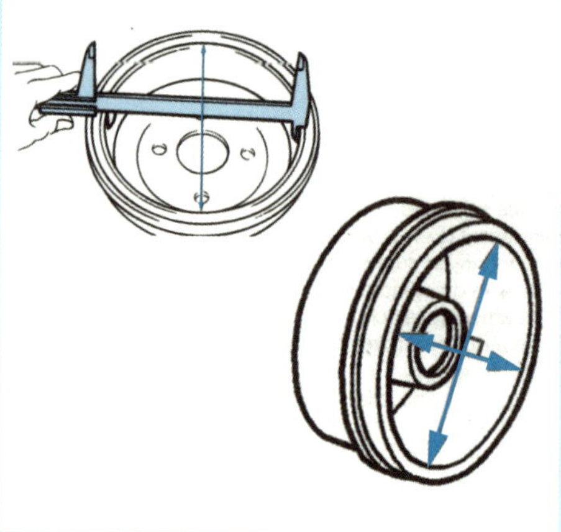
检查鼓式制动器的直径和变形

要点：

制动系统对驾驶人与乘客的安全至关重要。一辆制动系统没有完全维修好的车辆，是不能交还给客户的，否则维修店需承担因此带来的后果

更换制动片 32

本节目标

- □ 能够按照主机厂工艺要求，拆卸、检查、重装制动片
- □ 能够检查、更换制动盘

相关工具、资料

- □ 整车技术文件
- □ 一套新的制动片和制动盘
- □ 常用工具
- □ 万用表
- □ 百分表及其支架
- □ 活塞推动工具

准备维修

查阅整车技术文件，了解

- ▶ 拆卸制动系统的特殊要求
- ▶ 制动片的类型
- ▶ 制动盘的最小厚度
- ▶ 制动液类型

准备

- ▶ 抬起车辆
- ▶ 拆卸车轮
- ▶ 了解制动系统的类型（固定式制动钳还是浮动式制动钳）、品牌
- ▶ 打开制动液储液罐堵盖，看制动液是否位于最低液位，如不是需排空制动液至最低液位，防止推活塞时制动液溢出

进行维修

拆卸

① 每次仅拆卸一边，便于还原，在内制动片上连接磨损检查线束。

② 拆卸制动片锁止系统：

- 针对固定式制动钳和某些浮动式制动钳，如没有活塞推动工具，则用木质的物件推活塞。

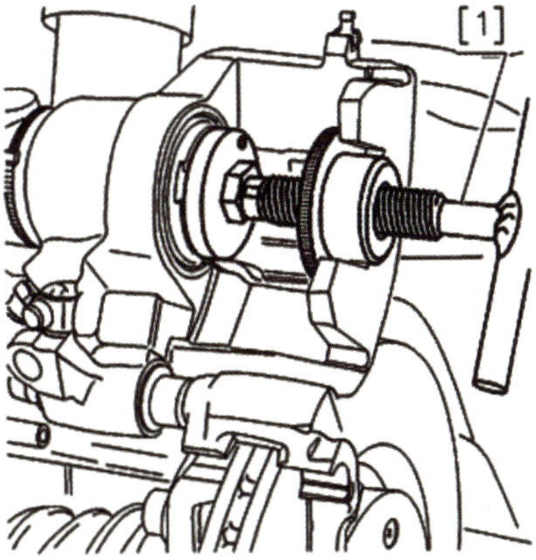

推活塞

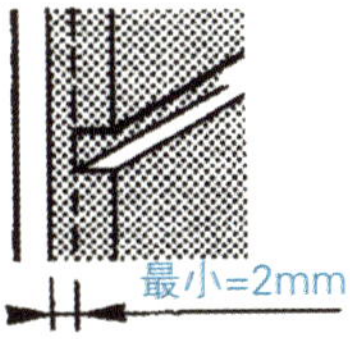

摩擦片的厚度

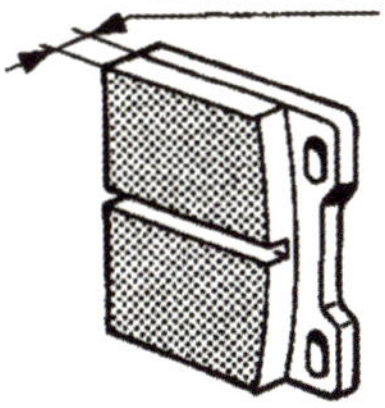

检查制动片的厚度

制动片的磨损

- 针对浮动式制动钳，需要部分或完全拆卸制动钳。制动片从侧面拆卸。

检查

① 摩擦片的厚度：最小2mm。

② 制动盘的状态：表面光滑、无明显划伤、厚度是否均匀、盘面是否有变形。

③ 制动钳的状态：有无油污、活塞是否有卡滞、防尘盖的安装状态、如为浮动式制动钳需检查下滑轨滑动是否正常。

④ 制动软管的状态：是否有泄漏、裂纹、磨痕。

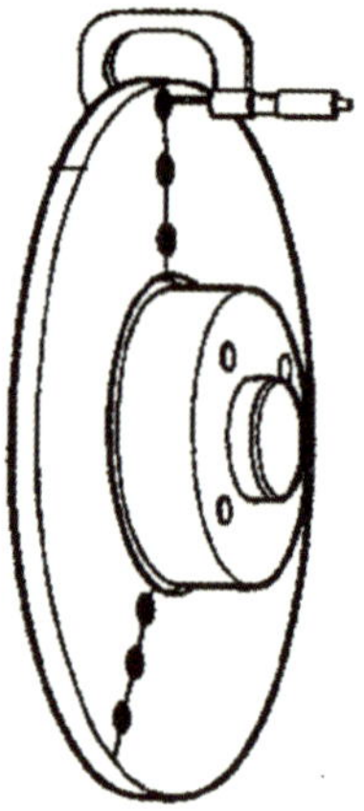

制动盘的厚度

重装和测试

① 清洗制动钳、支撑件和滑轨。

② 用专用工具或木质物件推动活塞，如果活塞为螺栓连接，则在推的同时旋转活塞（见技术文件）。

③ 如有防噪声零件，则将其装回原位。按照与拆卸时相反的顺序装回零部件（可以比照未拆卸的一侧)。

④ 操作几次制动踏板，使制动片可以靠近。检查所有锁紧装置已装回，加注制动液。

⑤ 装回、按照规定的力矩值拧紧车轮。

⑥ 试驾车辆。

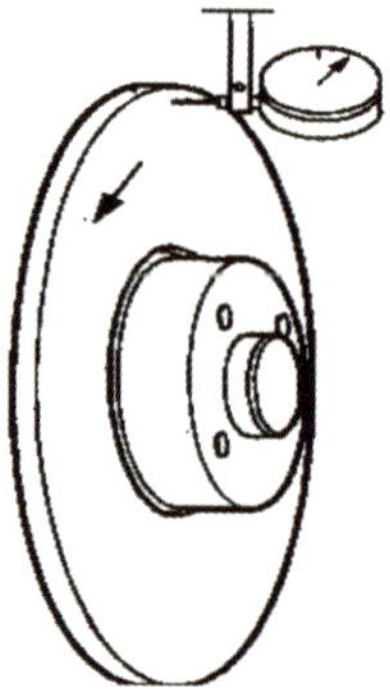

制动盘变形

要点:

如活塞出现卡滞或泄漏，必须更换整个制动钳，如制动力不平衡的话，则可能需要更换两个制动钳。同样的，如果制动盘存在较大缺陷（严重的划伤、磨损不均匀等），需要更换两个制动盘，并使用新的制动片。主机厂要求在更换过两次制动片后应更换制动盘。

更换鼓式制动器 33

本节目标

□ 按照主机厂工艺要求，检查和更换鼓式制动器

相关工具、资料

□ 整车技术文件
□ 完整的制动器总成
□ 弹簧钳
□ 车轮制动缸钳
□ 管口安装钳
□ 制动系统清洗剂

准备维修

查阅技术文件，了解

- 车型技术参数信息
- 驻车制动手柄调节与拆卸方法
- 制动液类型

准备

- 抬起车辆，将顶杆放在规定的点上。松开驻车制动手柄，拆卸车轮
- 了解制动器类型及其自动补偿间隙功能
- 通过车辆下的调节螺钉，最大限度地松开驻车制动手柄拉索

进行维修

拆卸

拆卸鼓式制动器：

① 拆下固定螺钉或轮毂密封堵盖，以及轴颈螺母和垫圈。
② 轻轻拍击制动鼓周边，使其松动、脱开。
③ 用刷子去除制动鼓面和摩擦片上的灰尘，清洁制动器（不要使用喷枪）。

拆卸

① 每次只拆卸一侧，便于对照安装。
② 先拆下下侧弹簧，随后拆下上方弹簧（弹簧钳）。
③ 放置车轮制动缸钳,固定卡环。
④ 拆下制动底板上的制动蹄侧向固定弹

拆卸鼓式制动器

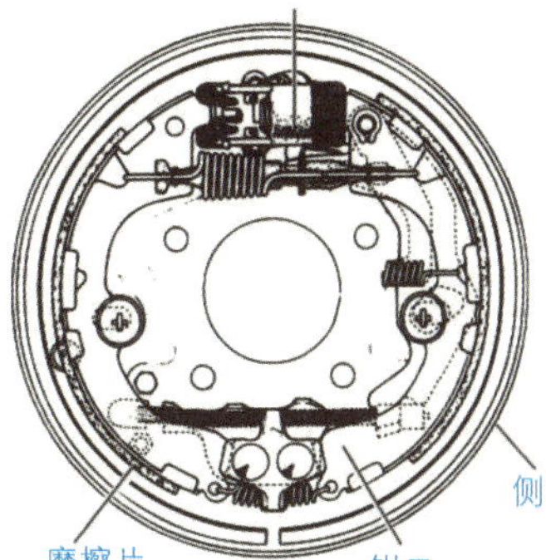

每次只拆卸一侧，以便安装时可对照另一侧

簧，拆下制动蹄，注意标注上弹簧和各间隙补偿零件的位置。

⑤ 拆卸首环、连杆、次环。

⑥ 断开驻车制动手柄拉索和次环，保证驻车制动手柄拉杆滑动良好。

⑦ 拆卸制动缸，堵住制动液入口。

检查

① 驻车制动手柄拉索在护套内是否滑动良好。

② 摩擦片是否磨损超限。

③ 车轮制动缸是否有泄漏（移开防尘盖），检查内活塞是否可自由移动，从而确定车轮气缸有无卡滞。

④ 检查弹簧、拉杆和卡扣的状态。

⑤ 检查制动鼓面是否有变形：在直径上选取两点测量。

⑥ 轴承的状态。

重新安装

① 用制动系统清洗剂清洗侧板（不要放在轴承上清洗）。

② 轻轻为底板上支撑活塞环的部位润滑，防止产生噪声。

③ 安装新的车轮制动缸。

④ 在新的制动蹄上重新安装驻车制动手柄拉杆和间隙补偿零件。

⑤ 按照与拆卸时相反的顺序安装新的零件。

注意：右侧和左侧制动机械装置构成不同，不要混淆。

⑥ 安装弹簧（制动弹簧钳），安装间隙补偿系统。

⑦ 检查各零件是否固定良好（与未拆卸的一侧进行比较）。

重新安装

① 清洁制动鼓面和运行轨道上的油污。

② 对中制动制动蹄。

③ 安装制动鼓盘，调节驻车制动手柄拉索。

④ 排空制动系统（方法见相关章节），踩下制动踏板，使间隙补偿系统运转。

⑤ 试驾车辆。

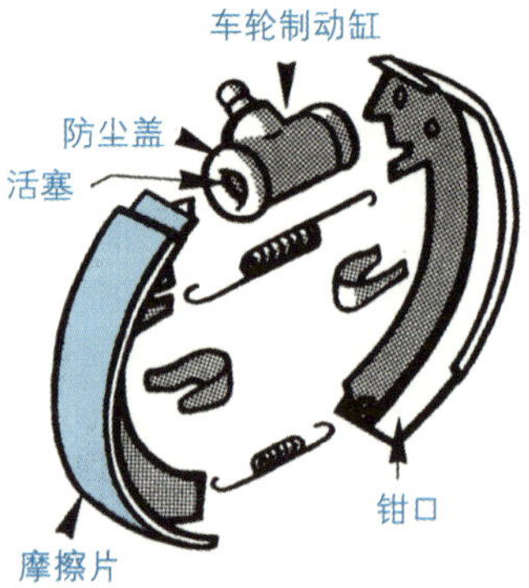

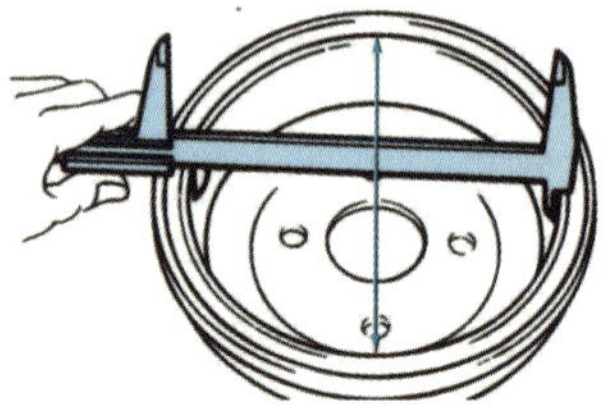

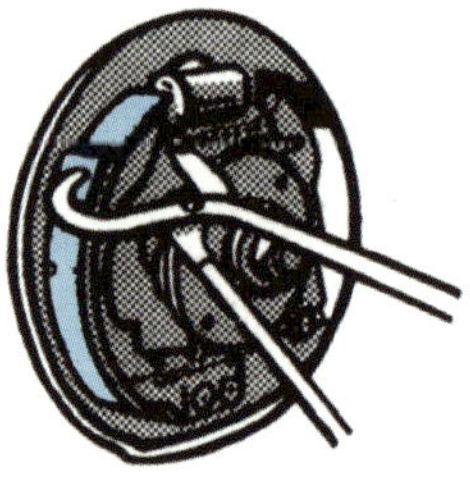

检查变形情况

要点：

更换鼓式制动器时，建议同时更换车轮制动缸，即使其没有泄漏的缺陷。因为泄漏通常在稍后晚些时候会出现，而此时，制动液已浸泡了摩擦片，这种情况需要更换整个制动系统，重新进行上述操作。

建议选用可预紧的制动器总成。

排空制动液管路 34

本节目标

☐ 排除制动液管路内的气泡，防止由于气泡压缩，影响制动力的正常分配

相关工具、资料

☐ 整车技术文件
☐ 翼子板保护套
☐ 常用工具
☐ 制动液储放桶
☐ 一个透明的瓶子和软管

准备维修

查阅技术文件，了解

- 制动液管路的特征
- 双管路的特征
- 制动液的类型

准备

- 制动液储放桶
- 适合排泄阀直径的软塑料管
- 一个小的透明瓶子
- 左前翼子板防护罩

① 将车前部放在顶杆上，如果不能触碰到排泄阀，则拆卸下车轮。

② 抬起车辆后部，如果车辆上没有伺服制动校正器（受控于悬架），则将车辆后部放在顶杆上。

③ 检查制动液是否处于最高液位处，否则可进行补充，打开制动液容器。

- 注意：H形和X形方式对应的操作顺序是不同的，最好查阅技术文件，了解排泄螺钉开启顺序。根据具体管路的类型，可以按照车轮距离主缸由远到近的顺序进行（1：右后；2：左后；3：右前；4：左前）。

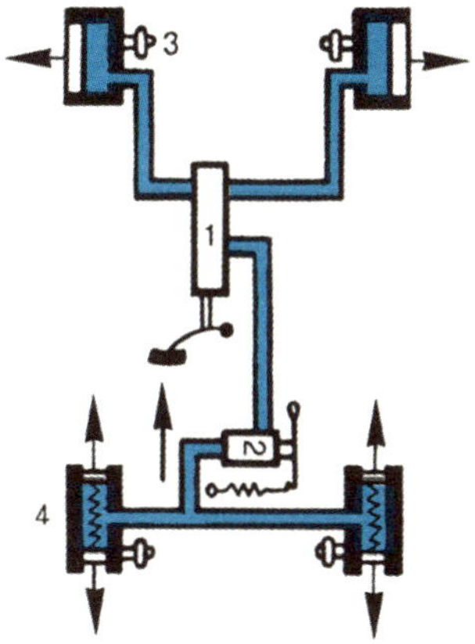

1. 主缸
2. 制动校正器
3. 制动器接收器

车轮制动缸（鼓式制动器，H形安装）

轻轻踩制动踏板，踩到底

进行维修

排空

①派一名人员进入车辆，踩住制动踏板。

② 拉开排泄阀堵盖，旋转1/4圈，打开右后堵盖（举例）。

③ 将软管一端连接排泄阀口，一端放在瓶子内。

④ 开始进行管路排空：

- 踩住制动踏板。
- 打开排泄阀，当踏板位于地板上后，关闭。
- 将踏板踩到底，轻轻按压泵。
- 打开排泄阀，当踏板位于地板上后，关闭。重复几次此操作，直至各制动管路内没有气泡为止。

⑤ 根据制动管路的类型，按操作顺序，给车辆加注制动液，此时踏板应处于锁紧状态，不是弹性松动的，否则应重新进行管路排空。最好盖上阀门堵盖。

⑥ 试驾车辆：如果制动正常，但是踏板行程太长，则需要检查间隙自动补偿系统是否运行正常。

要点：

如果使用压力式或吸式排泄装置，可以不用踩住踏板，也就不需要两人操作。

对于装配了ABS的车辆，如对其进行排空，则需要根据主机厂的工艺方法进行。传统型管路排空可按照上述程序操作。

制动液管路的排空对制动系统的正常工作有着极为重要的作用，一定要按照工艺方法操作到位。

注意：制动液不要洒到车辆油漆上，其腐蚀性很强。

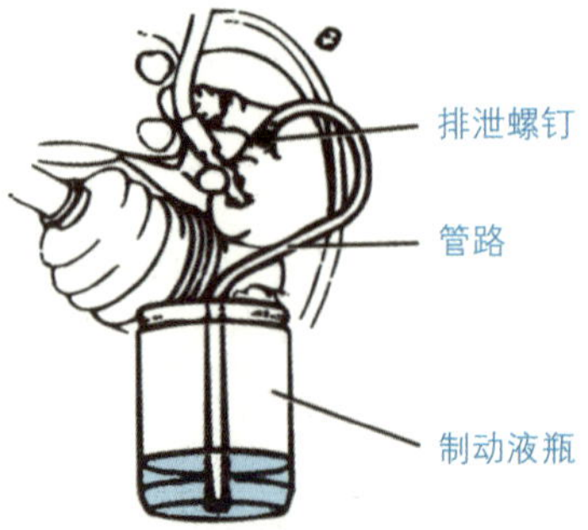

打开排泄阀

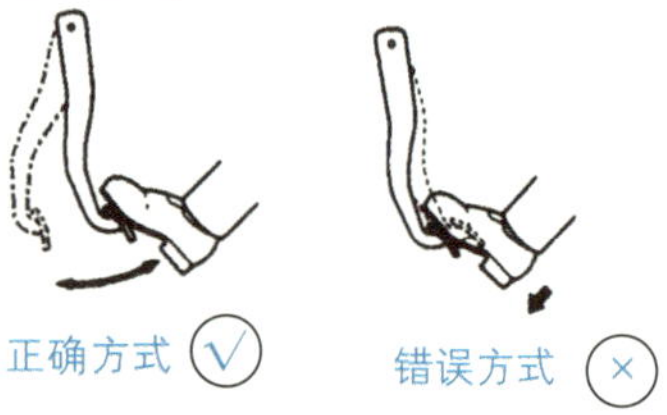

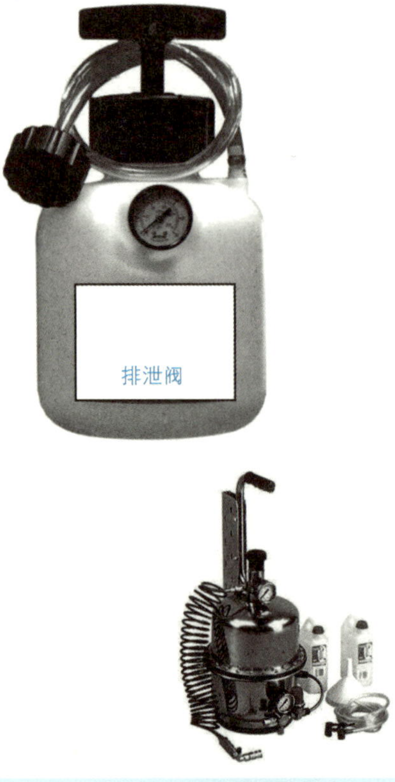

制动液管路排泄装置

调节制动校正器 35

本节目标

- ☐ 根据前制动力和车辆负载具体情况，检查后制动压力
- ☐ 检查、调节制动校正器（补偿器）

相关工具、资料

- ☐ 整车技术文件
- ☐ 检查记录表
- ☐ 一个液压检查箱或两个气压表，连接管
- ☐ 制动液储放箱

准备维修

查阅技术文件，了解

- 双管的类型
- 制动校正器（补偿器）的类型
- 制动校正器的位置
- 制动压力值和检查条件
- 制动液类型

准备

- 将车辆放在举升机上
- 备好一个液压检查箱或两个液压压力表，与制动液排泄阀尺寸相配的连接管
- 将排泄阀更换为压力连接管
- 连接管与压力表。H形双管路与X形双管路连接方式不同，注意区分
- 放置制动踏板辅助设备
- 排空管路和检查设备，排空完设备后，降低瓶内的压力
- 检查制动主缸是否工作正常，首先不能有泄漏

  检查顺序：对制动踏板施力如果踏板稍稍下沉，然后变紧，说明制动主缸功能正常，如果踏板渐渐下沉，则说明内部有泄漏，需要更换制动主缸

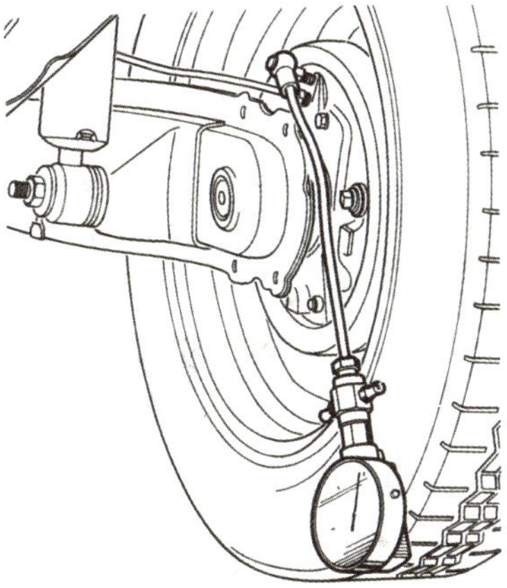

压力表连接管

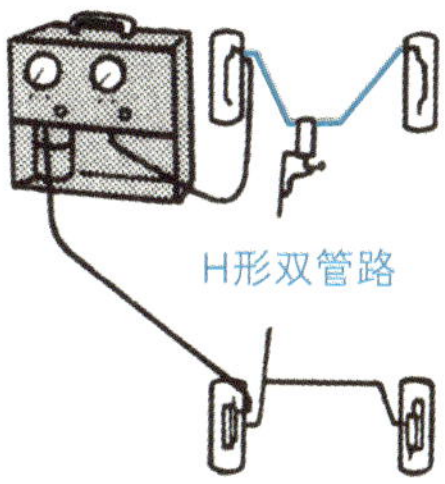

H形双管路

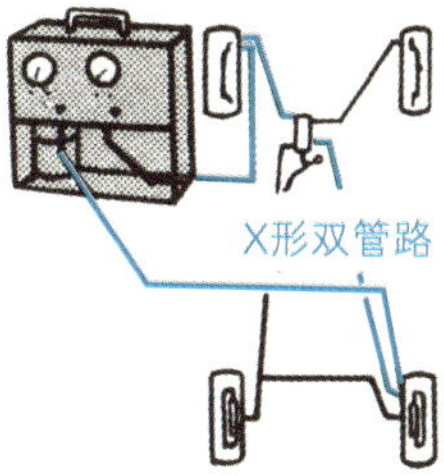

X形双管路

进行维修

检查–调节

① 初步检查

- □ 目测检查有没有泄漏。
- □ 针对装配了校正器的车辆：
  - 检查悬架–校正器连接部分的机械状态。
  - 检查条件状态：车辆放在平地上，车桥位于行驶位置。
  - 满足主机厂规定的载荷条件。

② 慢慢踩制动踏板，读取前压力表上的数值，直至要求的第一个压力值。

③ 前部保持此压力，读取后压力表上的数值，记录数值：

- 第一次测量：数值相同。
- 第二次测量：重复上述操作，提高前制动管路内的压力，读取后压力表上的数值，记录下数值。
- 重复上述操作，进行第三次测量，根据测量情况，必要的话进行第四次测量。

④ 比较测量值与主机厂的要求值。如不正常，则根据主机厂的工艺要求需更换或调节校正器。

⑤ 如果校正器受控于悬架，测量两次数值：

- 车辆空载。
- 车辆负载。

断开设备

① 降低设备的剩余压力，断开软管。

② 松开连接管，立即重新安装上排泄阀。

③ 排空管路，加注制动液储液箱。

④ 降下车辆 。

⑤ 试驾车辆。

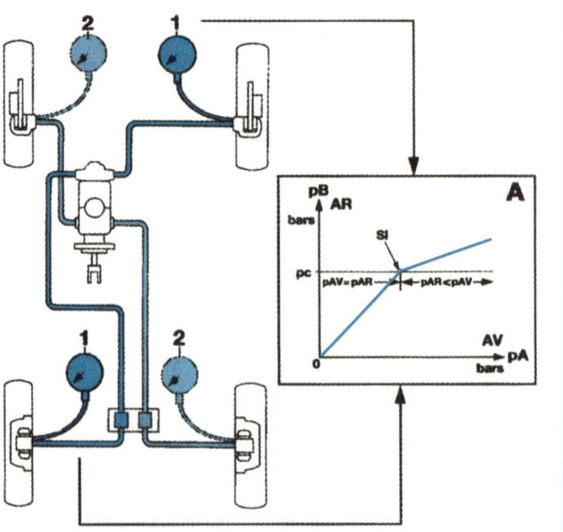

比较前后压力

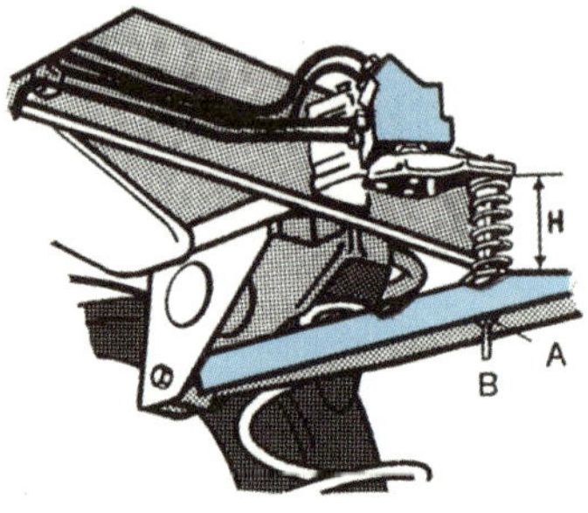

制动补偿器

调节伺服补偿器

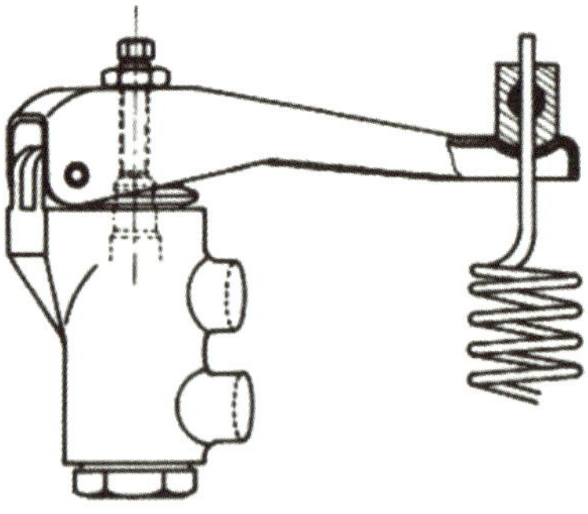

要点：

如果补偿器与车轮制动缸为一体式的，如果管路有缺陷，需要更换两个车轮制动缸。

更换和检查伺服制动器 36

本节目标

- □ 拆卸与重装伺服制动器
- □ 诊断伺服制动器故障原因
- □ 调节伺服制动器，消除故障

相关工具、资料

- □ 整车技术文件
- □ 检查记录表
- □ 常用工具
- □ T形连接压力表

准备维修

查阅技术文件，了解

- ▶ 伺服制动器（制动力放大器）拆卸、安装方法
- ▶ 伺服制动器的直径

进行维修

拆卸

① 断开蓄电池，拆卸制动主缸。

② 断开伺服制动器上的泄压连接管。

③ 拆卸制动踏板控制轴和前围挡板上伺服制动器的4个固定螺母。

④ 拆卸伺服制动器。

检查

① 初步检查

- 检查连接管路。
- 检查卡环的固定。

② 检查

□ 检查1：

- 发动机停止的状态下，踩制动踏板。
- 起动发动机。如果伺服制动器工作正常，踏板会轻轻地下沉 。

□ 检查2：

- 起动发动机 。

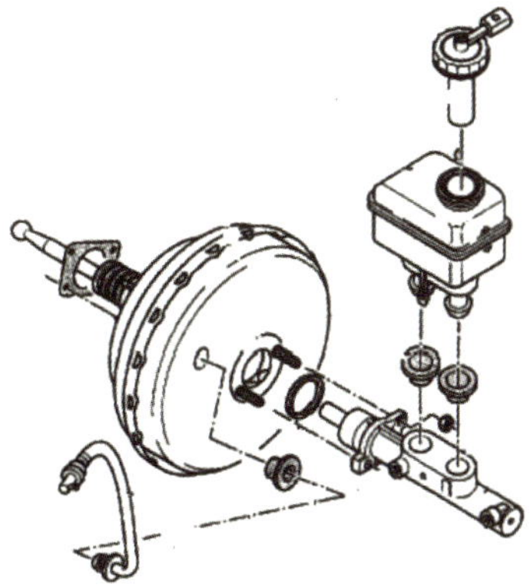

伺服制动器+制动主缸

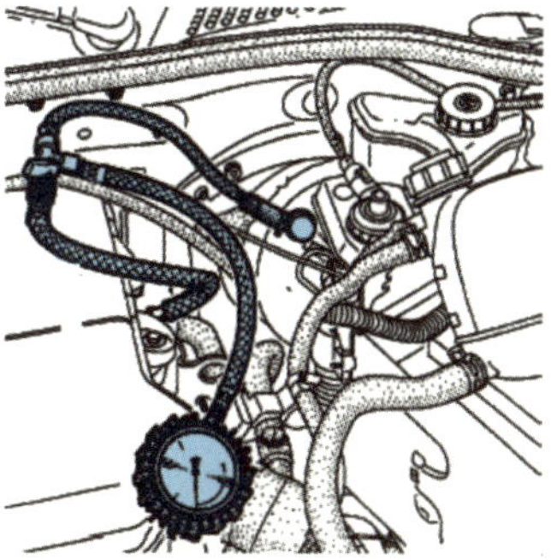

连接压力表

- 运行1~2min后，停止发动机。
- 用普通力度踩几次踏板，将A室和B室置于大气压力下。
- 如果踏板的第一段行程较长，后续越来越短，则说明零件工作正常。踏板应会变硬，行程变短。

□ 检查3：

- 起动发动机，踩踏板。
- 停止发动机，踏板保持凹陷状态30s。
- 如高度不变，则说明伺服制动器工作正常。

③ 如果在此3次检查中发现工作异常现象，则用压力表进行下列检查：

- 在伺服制动器和压力源之间连接真空压力计。
- 起动发动机，检查真空压力值：70kPa$<p<$80kPa（等于进气格栅或真空泵的负压值）。如数值正常，则检查橡胶管、阀门，安装真空源。
- 检查伺服制动器的密封性时，发动机应处于怠速状态，用钳子夹住真空橡胶管，停止发动机。15s中，真空度值下降不应超过30Pa；否则需更换伺服制动器。
- 伺服制动器的运行不应改变发动机转速。

重装

① 将新密封件装在制动主缸和伺服制动器上。

② 重装之前，检查制动主缸的间隙。可以通过操作推杆螺母，获取推杆端口和主气缸支撑面之间的尺寸。

③ 检查制动踏板侧支架的调节。

④ 松开防松螺母，进行调节。

⑤ 重装后排空管路。

更换真空单向阀

① 断开真空管和伺服制动器。

② 旋转单向阀，以松开橡胶密封垫圈。

③ 检查密封垫圈的状态和单向阀。

④ 更换缺陷件，重新安装整个零件。

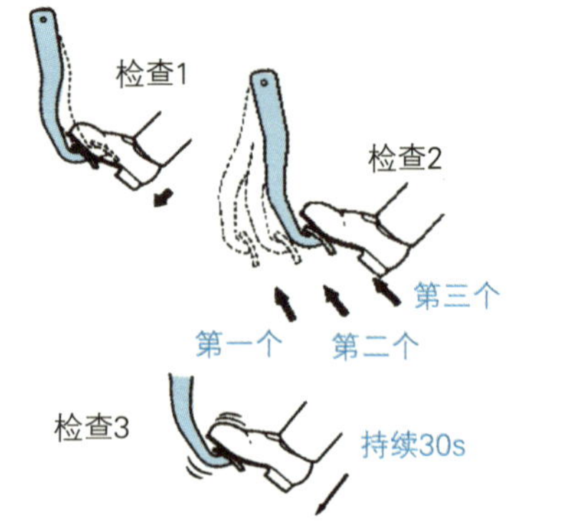

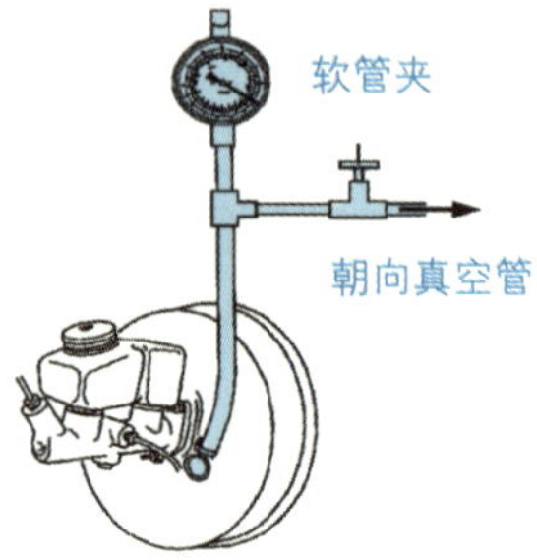

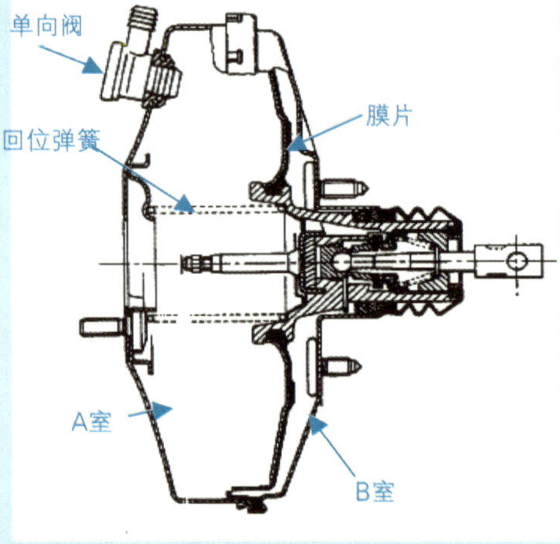

伺服制动器的密封性

要点：

伺服制动器工作不良的话，需要更换整个零件，因为该零件是不可修复的。只有上面的空气过滤器和单向阀可以单独更换

检查ABS传感器 37

本节目标

□ 了解ABS的构成
□ 诊断ABS电器故障
□ 使用诊断工具，排空液压管路

相关工具、资料

□ 整车技术文件
□ 检查记录卡
□ 塞尺
□ 万用表
□ 示波器
□ 万用表使用说明、继电器检查工艺方法文件

准备维修

查阅技术文件，了解

▶ ABS各零部件的位置、电路图
▶ 主机厂的相关要求值、诊断端子的位置
▶ 液压管路排空工艺方法

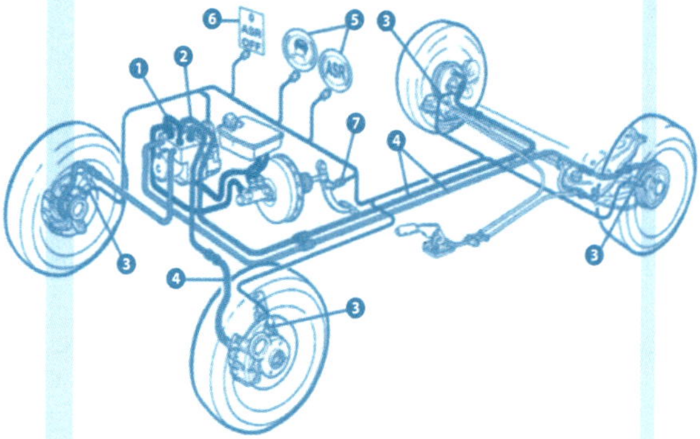

1. ABS液压模块
2. ABS电脑
3. 4个轮速传感器
4. 液压管路
5. 液压指示灯
6. 电路线束
7. 制动踏板位置传感器

ABS模块构成

检查–测量

下列方法仅针对一般情况，根据ABS的具体类型，仍需查阅主机厂要求的工艺方法。

检查

① 检查ABS熔丝。
② 检查轮速传感器：
- 检查轴承间隙。
- 检查轮速传感器的固定。
- 检查间隙：在轮速传感器对面放置一个齿圈，用塞尺检查间隙（间隙不可调节）。

③ 检查ABS指示灯：
- 点火。
- 指示灯应亮起，约3s后熄灭。

④ 检查计算机的供电和搭铁：
- 断开点火。
- 断开ABS电脑插接器。

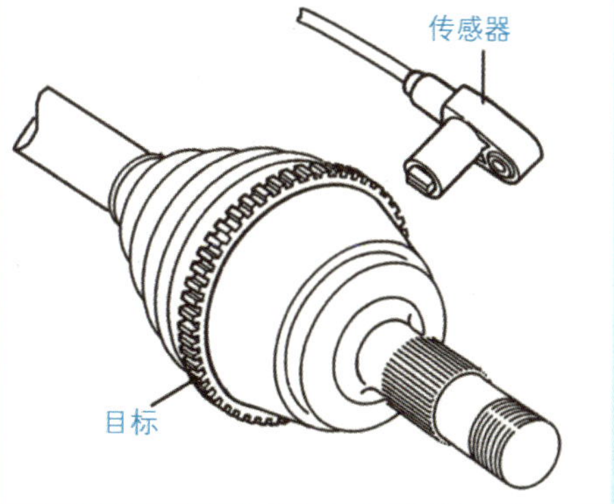

轮速传感器

- 点火。
- 检查插接器接线柱和搭铁之间电脑的供电。
- 断开点火。
- 检查插接器接线柱和搭铁之间电脑的搭铁（万用表处于电阻表功能）。

⑤ 用万用表检查轮速传感器（电磁型传感器）：

- 断开点火，断开电脑插接器。
- 检查ABS连接器接线柱之间的电阻，不要断开电脑（万用表调节到欧姆表功能）。
- 检查轮速传感器接线柱之间的电阻，万用表调节到欧姆表功能。
- 检查传感器和搭铁之间的绝缘。
- 对其他传感器重复此操作。
- 检查传感器供电电压。

⑥ 检查传感器供电电压：

- 断开点火。
- 断开电脑插接器。
- 在交流电位置状态下，连接伏特表和传感器的接线柱或ABS插接器的接线柱。
- 一个车轮一个车轮地抬起车辆（支撑在顶杆上）。
- 以60 r/min的速度旋转车轮。
- 检查电压。

⑦ 通过示波器检查传感器的信号：

- 断开电源。
- 断开电脑插接器。
- 连接示波器与传感器接线柱或ABS插接器接线柱。
- 抬起车辆，支撑在顶杆上。
- 以60 r/min的速度旋转车轮。
- 检查每个车轮的传感器信号波形，应为正弦曲线波形。

⑧ 通过示波器检查轮速传感器（霍尔型传感器）：

- 点火，电脑处于连接状态。
- 测量传感器接线柱的信号状态，与参考信号进行比较（方波信号）。

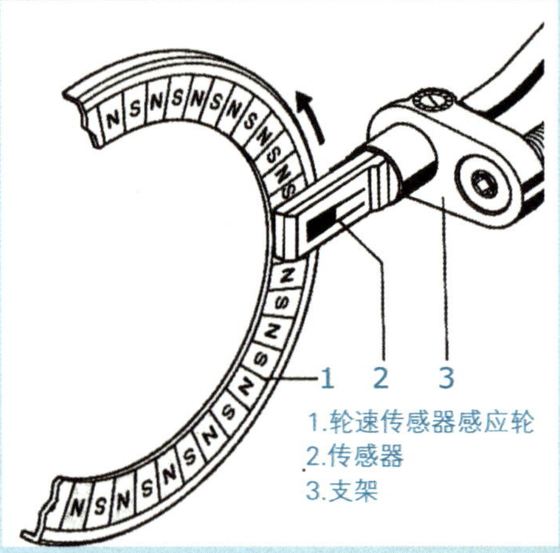

霍尔型轮速传感器

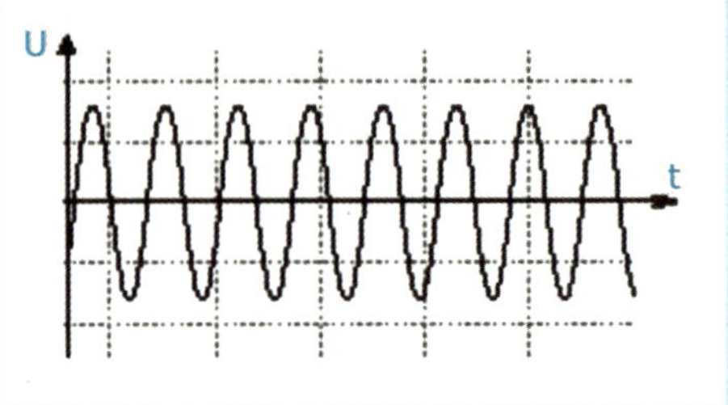

电磁型轮速传感器信号

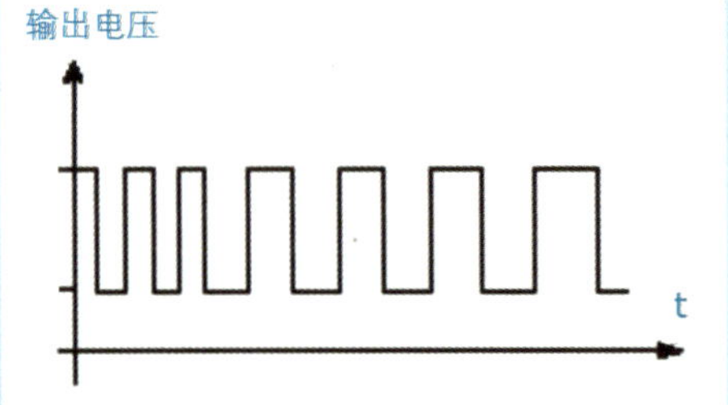

霍尔型轮速传感器信号

要点：

与霍尔型传感器不同，电磁型传感器发送信号不需要电源供电，霍尔型传感器需要外加电压

不能用欧姆表检查霍尔型传感器

检查ABS电气元件

38

本节目标

- □ 了解ABS构成
- □ 诊断ABS电器元件故障
- □ 通过诊断工具排空液压管路

相关工具、资料

- □ 整车技术文件
- □ 检查记录卡
- □ 万用表
- □ 诊断工具
- □ 关于万用表使用与继电器检查的文件

准备维修

查阅技术文件，了解

- ▶ ABS的构成、零部件的位置、电路图
- ▶ 主机厂要求的参数、诊断插座端子的编号
- ▶ 液压管路排空方法

检查-测量

下列方法仅供参考。根据具体ABS的类型，需按照主机厂要求的方法操作。

检查

① 检查继电器:

- 断开点火。
- 断开电脑连接。
- 检查搭铁端接线柱的供电电压。
- 检查开关电路线圈电阻。
- 检查继电器功率。

② 检查ABS泵的电阻:

- 断开点火。
- 断开电脑插接器。
- 检查插接器接线柱之间的电阻。

③ 检查ABS泵的搭铁:

- 断开点火。

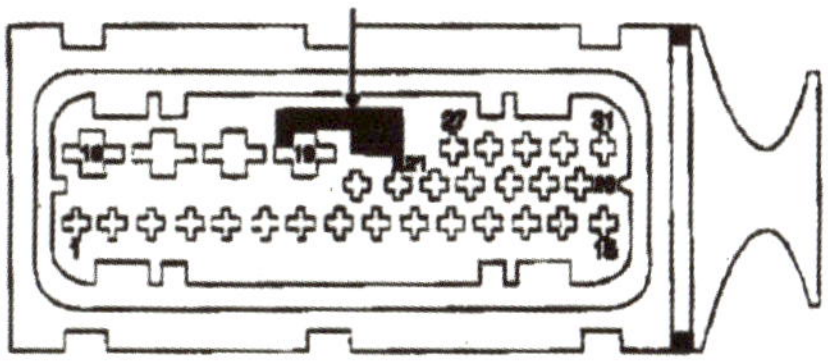

ABS插接器示例图

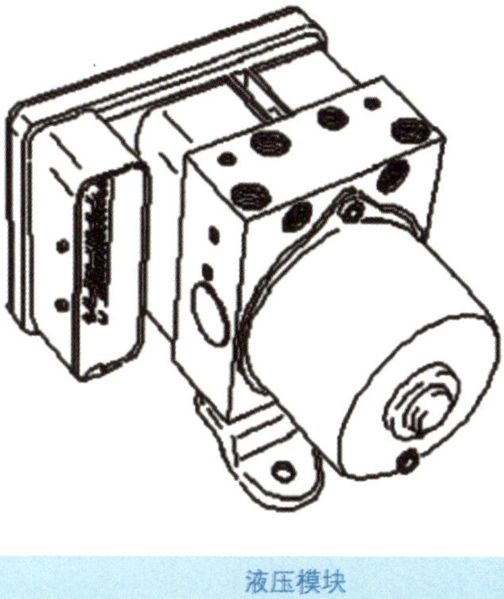

液压模块

- 断开电脑插接器。
- 检查ABS泵的搭铁（=0 Ω）。

④ 检查制动踏板位置连接器：

- 断开点火。
- 断开电脑插接器。
- 点火。
- 操作制动踏板，检查接线柱和搭铁之间的电压（踏板松开=0V，踏板踩住=蓄电池电压）。

⑤ 通过诊断工具检查电磁阀：

- 断开点火。
- 断开电脑插接器。
- 连接诊断仪。
- 点火。
- 选择电脑检测。
- 选择ABS电脑。
- 查阅执行机构测试菜单。
- 激活ABS电磁阀。
- 听运行噪声。

⑥ 排空液压管路：

- 断开点火。
- 重新连接上电脑插接器。
- 查阅工艺文件，核实是否需要用诊断工具进行排空。
- 使用制动液压管路施压设备。
- 连接诊断工具。

制动踏板位置传感器插接器

要点：

继电器，ABS泵,电磁阀与液压模块为一体

拆卸与重新安装驾驶人侧安全气囊 39

本节目标

☐ 按照安全操作规则，拆卸、重新安装驾驶人侧安全气囊

相关工具、资料

☐ 整车技术文件

☐ 常用工装

☐ 诊断工具

准备维修

查阅技术文件，了解

▶ 驾驶人侧安全气囊拆卸、安装方法

▶ 安全操作注意事项

▶ 拧紧力矩

进行维修

下列操作方法，仅为参考，针对具体车型，需按照主机厂的工艺要求操作。

拆卸

① 进行初步检查与操作：

- 起动车辆，检查仪表板上安全气囊指示灯（指示灯应亮起然后熄灭）。
- 拔出点火钥匙。
- 断开蓄电池负极，并将其绝缘。
- 等待10min，再进行其他操作（电子模块需要时间放电）。
- 拆卸并抬起副仪表板，断开电路连接插头（A）。

② 转动转向盘（C），松开位于转向盘后面的安全气囊固定螺钉。

③ 顺着朝向自己的方向抬起安全气囊

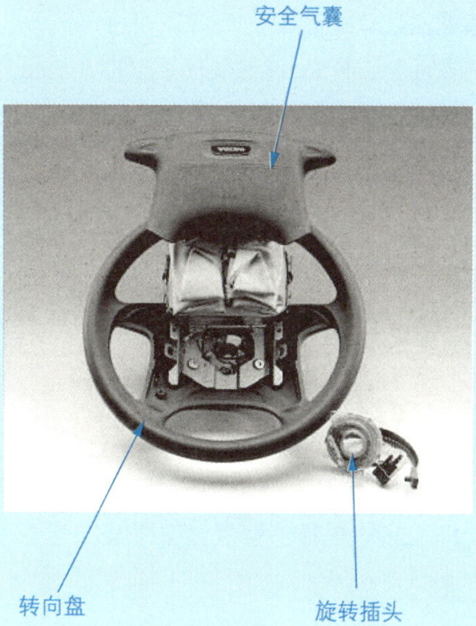

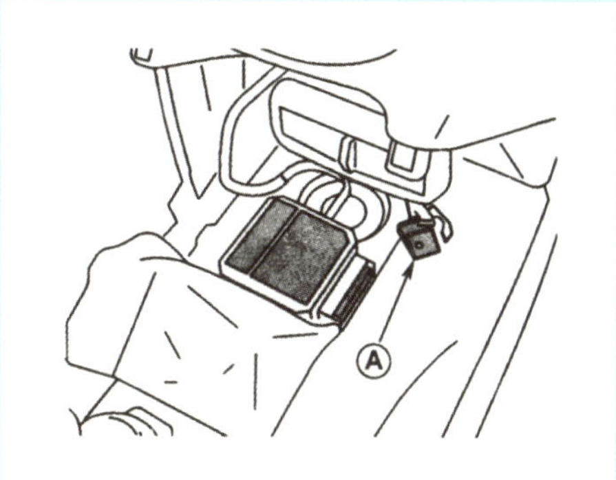

断开电路连接插头

（D），直到可以断开插接器。然后拆卸安全气囊，放置在储物箱内，气袋朝上，关闭储物箱。

④ 使前轮位于直线上，轻轻松开转向盘中央固定螺钉，向外拉出直至螺母挡块处，然后完全拉出，拆卸转向盘。

⑤ 分开转向柱下护板与上护板，断开连接插头（E），应答器（F）。松开旋转连接器固定螺钉（G），然后拆卸连接器。

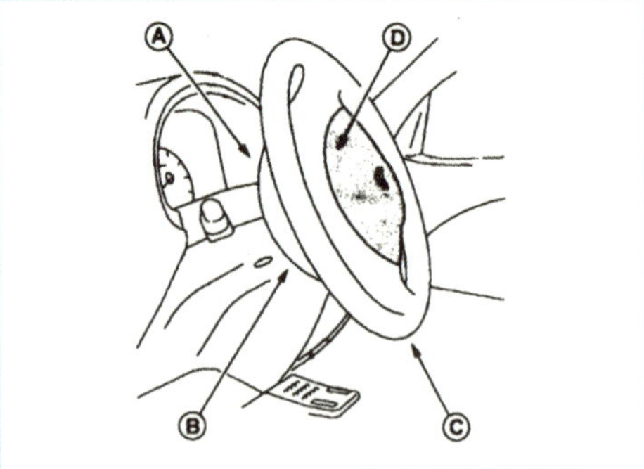

拆卸安全气囊

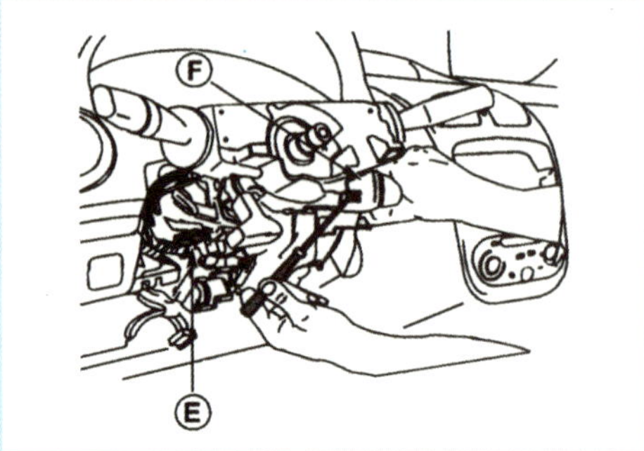

断开插接器、拆卸应答器

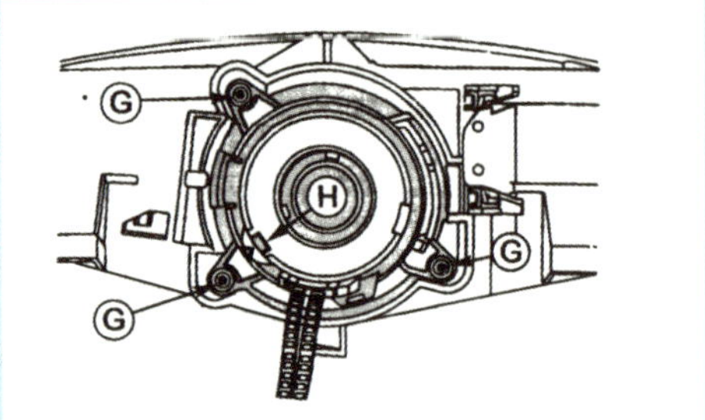

拆卸旋转插头

重装

① 旋转上插接片，调节旋转连接器，直至标记（H）位于一条线上。

② 按照与拆卸相反的顺序，重新安装上所有元件，重新连接上电路连接插头（E），重新安装上应答器（F）。

③ 拧紧转向盘中央固定螺母和安全气囊的所有固定螺钉（按照要求的力矩值）。

④ 连接上连接插头（A）。

⑤ 确保车辆内无人员后，连接上蓄电池负极。起动车辆，检查安全气囊指示灯（应亮起然后熄灭）。

要点：

* 操作过程中必须严格遵守技术文件要求的安全注意事项。

* 重新安装之后，建议用诊断工具对车辆进行完整的检查。

* 检查前桥定位参数时，可能也需要拆卸与重装驾驶人侧安全气囊，以重新对中转向盘。

检查悬架 40

本节目标

☐ 详细诊断悬架系统

相关工具、资料

☐ 整车技术文件

☐ 检查记录卡

☐ 常用工装

☐ 钢尺

准备维修

查阅技术文件，了解

▶ 前后悬架的特征

▶ 胎压

▶ 前后车身高度

▶ 检查条件

给轮胎充气

检查

铰链间隙

① 抬起前轮。

② 模拟行驶过程中，路面对轮胎的上下、左右移动力。

③ 同时把一只手放在每个球头销上，检查元件之间间隙是否正常。

④ 重新将车辆放在地面上，前桥会受到应力，移动车辆，使前桥平衡。

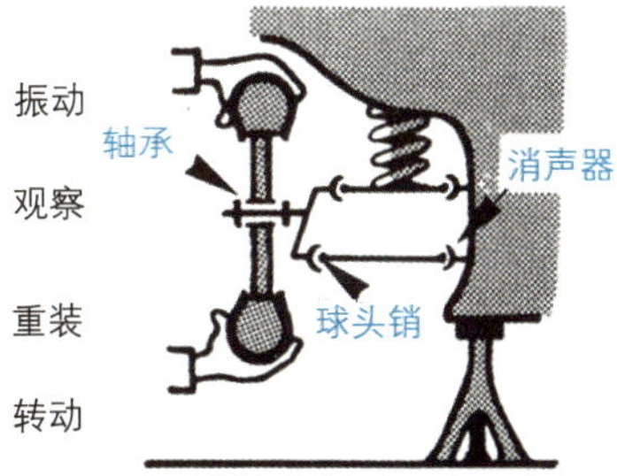

检查间隙

减振器的状态（不用专用设备）

① 将驻车制动手柄放在平地上。

② 用力向下推，压下左前悬架元件，然后快速松开。车身应抬起并立即稳定。如果车辆有摇摆，则说明减振器有磨损。

③ 对 4 个减振器重复此操作。

压下悬架元件

车身高度

车辆应满足主机厂规定的检测条件，包括：空载还是负载，油箱是满还是空。

第一种方法：

① 检查轮胎的压力和尺寸。

② 用尺子在4个点上测量车身和地面之间的距离（通常位于纵梁上）。

③ 与主机厂的数值进行比较。

第二种方法：

将车身上4点测得的尺寸减去车轮轴和地面之间的尺寸，以此排除轮胎压力或车轮尺寸缺陷导致的偏差；与主机厂的数值进行比较。

任何情况下，均需按照主机厂的工艺方法操作。

调节

如果与主机厂之间的尺寸差超过了误差限值，若扭力杆可调节，则应调节其他系统（簧片弹簧或螺旋弹簧），需更换弹簧（见第41节和42节）。

要点：

为了保证测量的准确度，建议使用带振幅电检仪器的悬架检测台架进行补充测量。

悬架减振器同悬架弹簧一样，需要两侧成对更换。

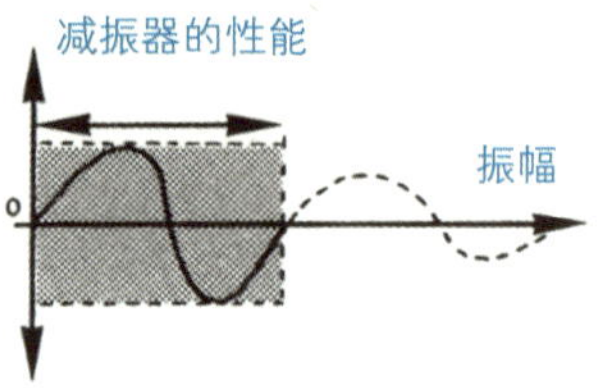

模拟晃动

时间

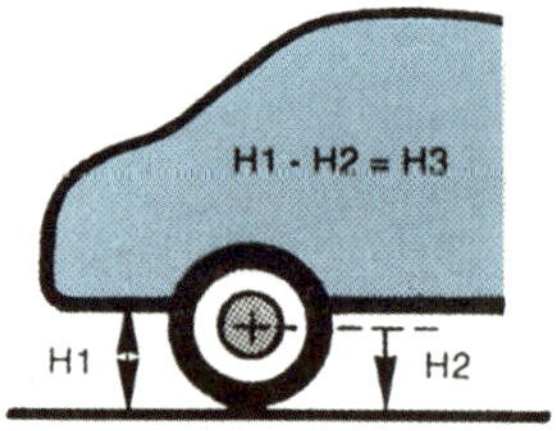

H=车身/地面高度

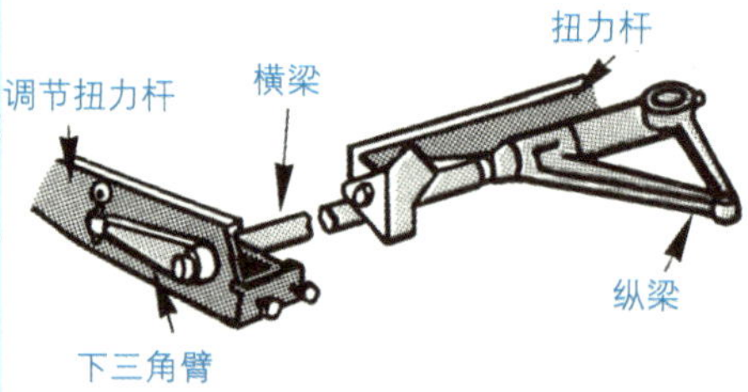

车身高度

更换后减振器

41

本节目标

☐ 在不拆卸弹簧的情况下更换后减振器

相关工具、资料

☐ 整车技术文件

☐ 2个新的后减振器

☐ 常用工装

准备维修

查阅技术文件，了解

- 减振器的类型（是否位于弹簧外侧）
- 拧紧力矩
- 主机厂工艺方法要求

准备

- 将后桥放在顶杆上
- 拆卸车轮
- 将千斤顶放在轮毂一侧的悬臂下，轻轻压缩悬架，取下减振器

进行维修

拆卸

① 每次只拆卸一侧：

- 便于在重装时做参考。
- 松开后，后轮毂仅由减振器固定。

② 检查完保护系统后，松开上螺母。把扳手放在推杆上，防止其自转。操作困难的话，可以从轮罩下用老虎钳握住减振器推杆。但是对新的减振器不要进行此操作。

③ 松开下侧的轴，拆卸减振器。

轻轻压缩悬架

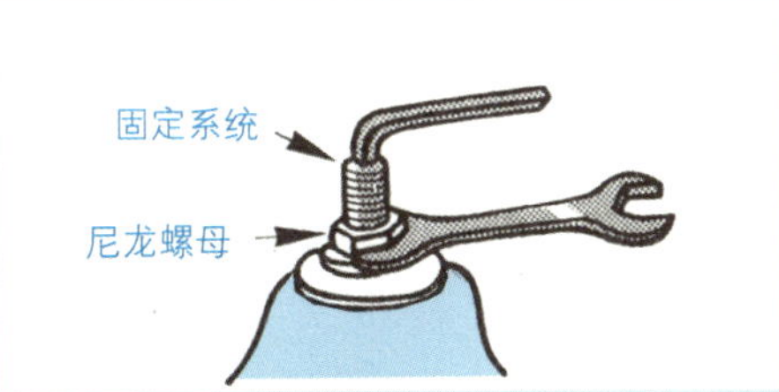

减振器端头

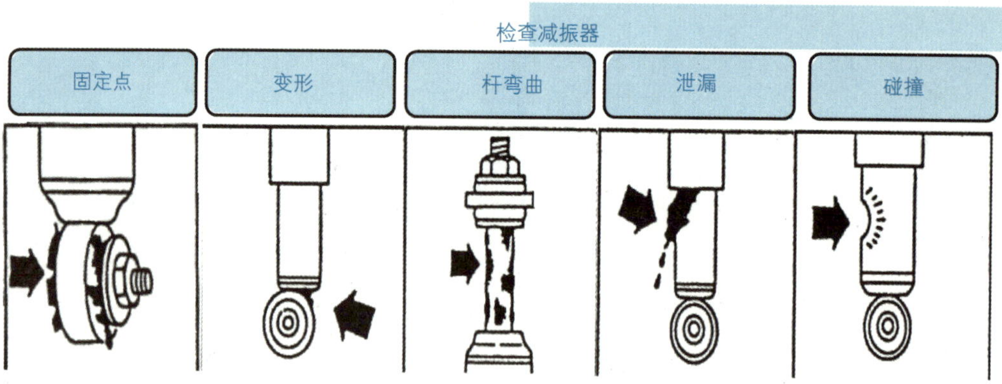

重新安装

① 重装开始前，取下任何可能会粘在轮罩上的垫圈，借助布置图安装垫圈，注意方向和顺序。

② 固定减振器支撑轴。

③ 将金属垫圈、橡胶圈安装在头部上。

④ 拉出减振器推杆，斜着将推杆头部放入轮罩孔内。

⑤ 按顺序安装上垫圈，拧紧螺母。不要用钳子拧紧推杆，而是用与推杆固定系统相配的扳手，必要的话可放松螺母以便于操作。

⑥ 按照规定的力矩值，拧紧下轴。

⑦ 松开悬架，将千斤顶放在另一个臂下面，重复次操作。

⑧ 重新装上车轮。

⑨ 重新将车辆放在地面上，按照规定力矩拧紧车轮。

⑩ 试驾一下车辆。

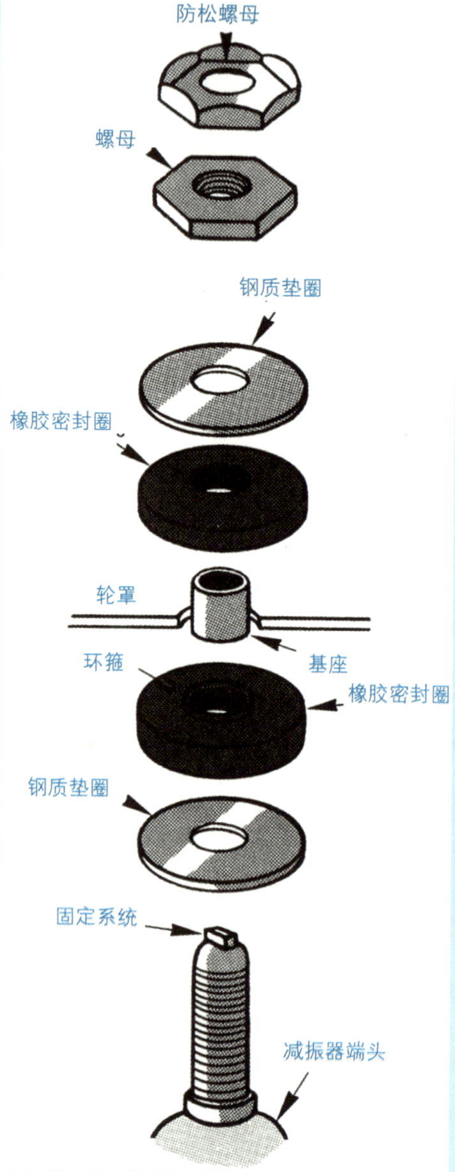

要点：

如果在不平路面上行驶时，仍有噪声，则检查平衡杆上的消声器，还有悬架球头销。

更换前减振器

本节目标

- ☐ 按照安全操作要求，拆卸、重装支架，压缩悬架弹簧，更换减振器

相关工具、资料

- ☐ 整车技术资料
- ☐ 两个新的前减振器
- ☐ 常用工装
- ☐ 弹簧压缩器

准备维修

查阅技术文件，了解

- ▶ 支架的类型
- ▶ 拧紧力矩
- ▶ 主机厂维修工艺要求，减振器更换方法要求

准备

- ▶ 准备1个千斤顶和2个顶杆
- ▶ 与弹簧簧齿相配合的弹簧压缩器
- ▶ 球头销顶拔器

弹簧压缩器

进行维修

拆卸

注意：每次只拆卸一侧。

1.情况1： 独立式支架

- ▶ 抬起车辆
- ▶ 拆卸车轮
- ▶ 直接拆卸支架

2.情况2：与转向器支架一体式支架

- ▶ 解锁、拆卸传动螺母
- ▶ 取出下侧球头销和转向节销
- ▶ 拆卸支架

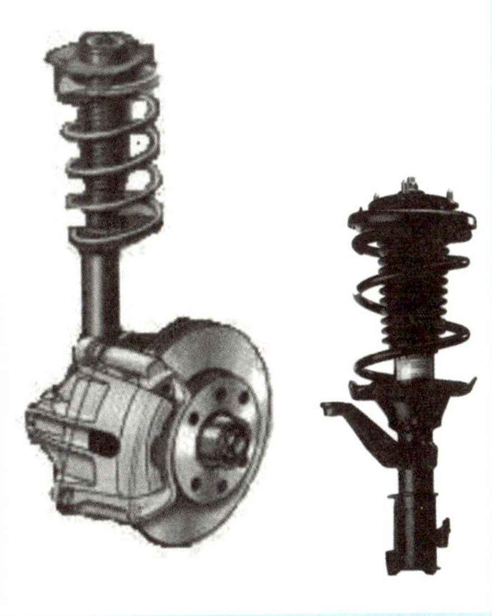

安装类型

更换减振器

① 将支架放在台虎钳上(不要拧紧减振器管)。

② 给弹簧压缩器定位。

③ 检查棘爪是否钩好。

④ 松开弹簧后拆卸上弹簧座圈。

⑤ 慢慢松开弹簧。

⑥ 在座圈内标记弹簧的位置和拆卸零件的顺序。如果可以立即重装的话，弹簧可以留在原位。

⑦ 根据具体情况更换支架或滤芯。

⑧ 按照拆卸时标记的顺序重装:

- 最大程度拉出减振器推杆。
- 安装防尘罩。
- 将弹簧安装进下座圈内。
- 按照标记的顺序与位置安装上座圈及其他零件。
- 按照规定力矩值拧紧上螺母。
- 慢慢松开弹簧压缩器。
- 检查是否安装到位。
- 拆下弹簧压缩器。

⑨ 按照与拆卸时相反的顺序重新安装支架。

⑩ 试驾车辆。

要点:

从支架上拆卸弹簧时，如果弹簧压缩器出现故障，则不要站在弹簧的对面

如果为主动悬架，则应按照主机厂的要求规定操作。

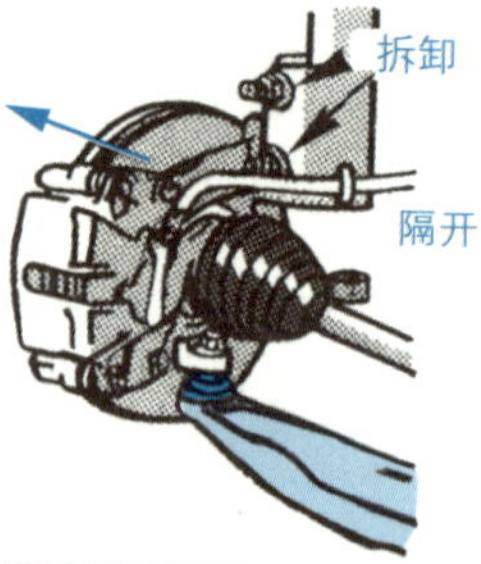

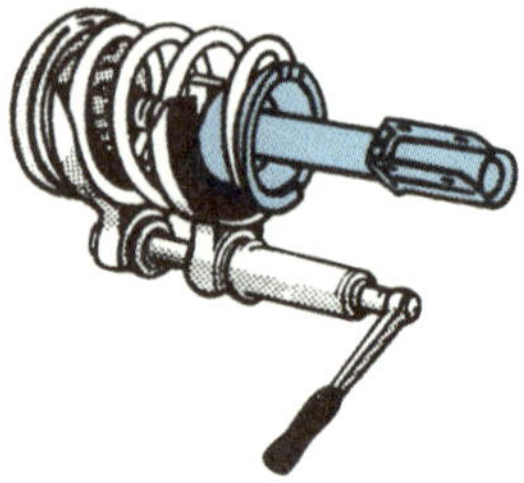

定位棘爪

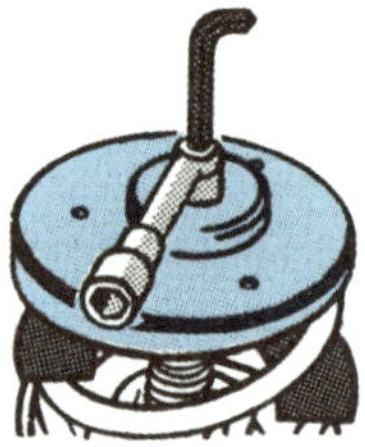

压缩弹簧

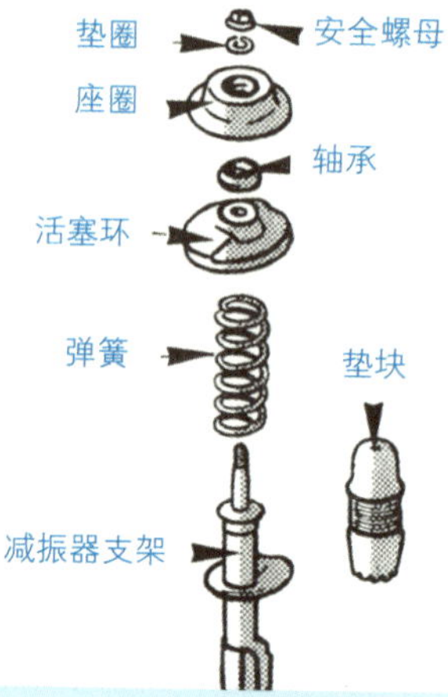

拆卸上座圈和弹簧

检查轮胎

43

本节目标

□ 维修、解决轮胎异常磨损或车桥故障

相关工具、资料

□ 整车技术文件
□ 相关交通安全法规
□ 充气压力表

准备维修

查阅技术文件，了解

- 轮胎尺寸，主机厂对此类车辆道路行驶条件的说明
- 要求的充气压力

检查-诊断

检查

① 轮胎的压力：如果轮胎的压力持续规律性地下降，通常是由于胎面处漏气导致的（螺钉处等）。检查前先用粉笔标记上固定孔的位置。

② 在整车上，检查各车桥的轮胎（前桥、后桥），不要忘记备胎。

③ 按照下列顺序检查每个轮胎和车轮：

- 1—胎面(磨损、割破、异物）。
- 2—侧面(尺寸、划伤、裂纹）。
- 3—轮毂胎圈和轮毂边缘(碰撞、锈迹、变形）。
- 4—气门嘴（有无堵盖，形变)。
- 5—车轮的固定（螺接、孔位是否有变形）。
- 6—轮胎压力传感器的状态。

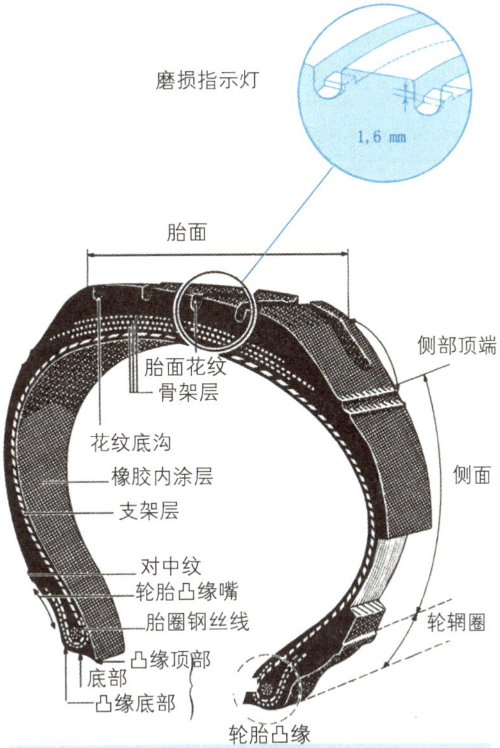

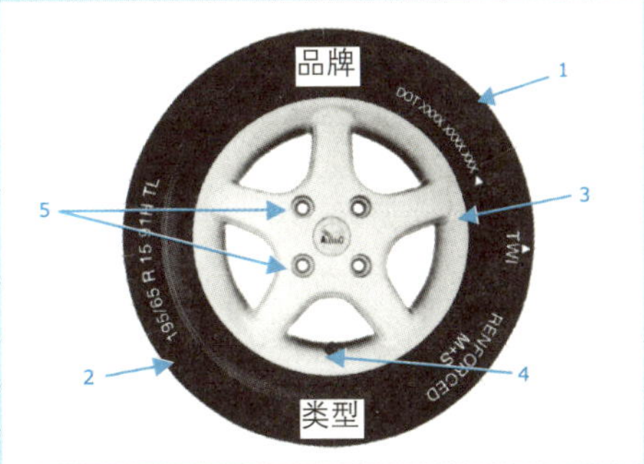

检查轮胎

拆卸上座圈和弹簧

			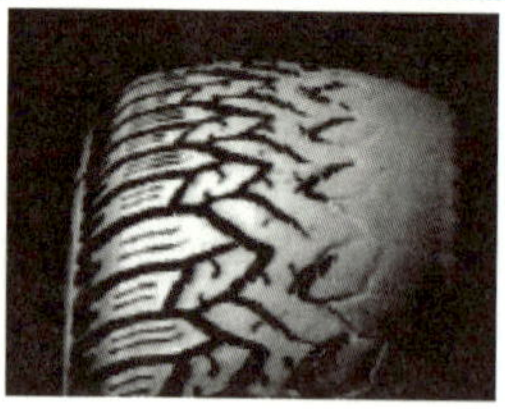
胎面中部磨损：来源于轮胎侧缘压力过大，要么是由于轮胎充气过足要么是轮胎尺寸大于轮辋的尺寸	外侧缘磨损：轮胎胎压不足或车辆负载过大	一侧比另一侧磨损严重，无飞边：原因可能是车轮外倾角过大、悬架下沉、轴颈弯曲、车轮轴变形	一侧比另一侧磨损严重，有飞边：前来角不对。如果感觉飞边是向外拉，则前来角过小，如果感觉飞边是向内推手，则是前来角过大

确定每个轮胎的磨损程度

① 观察胎面上磨损最严重的区域。

② 磨损比：新轮胎的磨损比当然为0，当磨损区域深度达到1.6mm时，磨损比为100%。

③ 我们可以在以上两个极限值之间评价磨损的程度。当胎面上所有点磨损程度差不多时，可视为正常磨损。

诊断

主要典型的异常磨损：

① 胎面两外侧边对称磨损：经常胎压不足，可能伴有橡胶内涂层剥落。

② 两侧不对称磨损：一侧高于另一侧：

- 粗糙面：轮胎平行度缺陷（平行度缺陷导致磨损平均分配在同一轴两个车 轮上）。
- 光滑面：外倾度缺陷。

③ 两内侧边磨损：开口太大。

④ 两外侧边磨损：太过夹紧。

⑤ 轮胎花纹异常磨损：减振器缺陷。

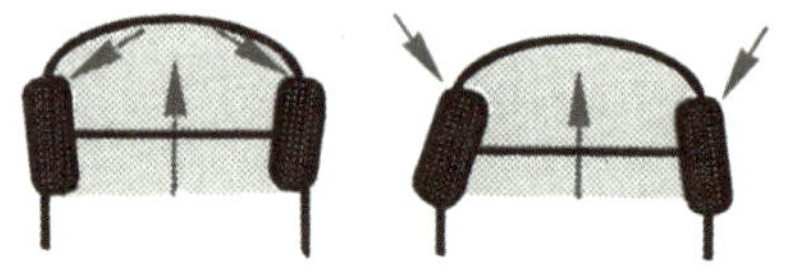

内侧两边磨损：出现后来

外侧两边磨损：前束角不对

要点：

大部分车辆是在胎气偏低的情况下行驶。建议在规定压力值的基础上增加0.2Pa，负荷较重的情况下增加0.5Pa。

更换轮胎（手工） 44

本节目标

☐ 更换轮胎,同时注意避免损坏轮胎凸缘

相关工具、资料

☐ 安装台
☐ 2个轮胎拆卸扳手
☐ 1个气门芯拆卸扳手
☐ 轮胎润滑剂
☐ 胎压压力表
☐ 新的轮胎

准备维修

查阅技术文件，了解

- 轮胎的尺寸
- 胎压值

准备

- 完成第43节所述的检查

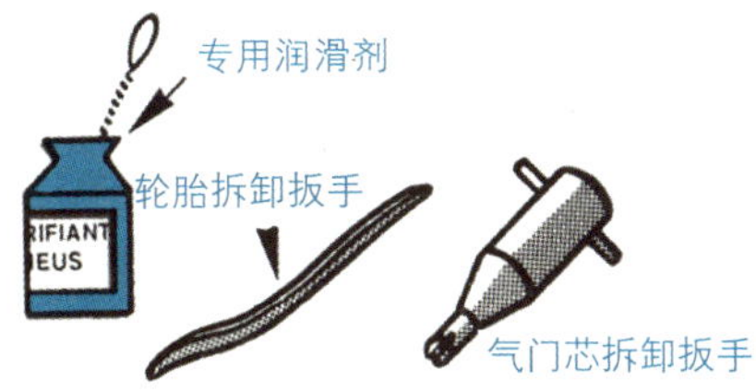

进行维修

拆卸

① 标记每侧轮胎上平衡块的位置（如轮胎重装的话）。如果是更换新的轮胎，则去掉平衡块。

② 拆卸气门芯。

③ 在约10cm的距离上逐渐实施压力，使外凸缘松脱，注意不要在气门嘴区域施压。慢慢润滑。将车轮斜着放在支架上，气门嘴位于高处。

④ 将外凸缘下部嵌入轮辋内。使用轮胎拆卸扳手平的一侧，从气门嘴附近开始。翻转拉杆，按压与轮罩相对的侧缘，使凸缘进入轮辋凹槽的底部。随后将第二个拉杆平整一侧固定在距离气门嘴右侧10cm处，摇

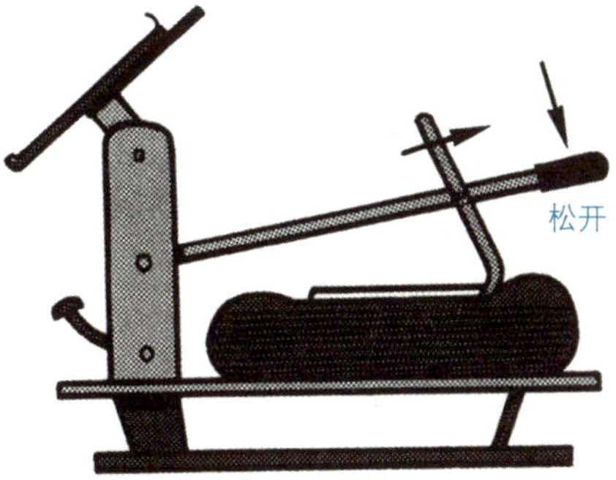

拉气门芯,松开，对轮辋内部和外部进行润滑

动拉杆。

⑤ 竖着安装支架。用轮胎拆卸扳手弯曲的一侧将凸缘底部嵌入的轮辋内。确保凸缘位于轮辋凹槽内。向外侧翻转拉杆。沿着轮辋的支座固定第二个拉杆弯曲的一侧。翻转拉杆，轮罩进入轮辋内。

检查（见第43节）

① 轮胎：轮胎花纹的深度和有无磨损，胎纹深度最少为1.6mm。

② 轮辋：是否有破损、断裂。

③ 内部：是否有金属异物、破损。

④ 车轮：是否有撞击痕、氧化痕。

⑤ 必要的话清洗轮辋。

安装

① 更换气门芯。

② 斜着将车轮放在支架上。

③ 如果没有任何标记的话，在轮胎外侧上做上标记或用一个箭头标示行驶方向。

④ 给两个凸缘润滑。手工插入第一个凸缘，直至其卡紧，之后左手压住轮罩外肩，用轮胎扳手弯曲的一面完成最后的固定。

⑤ 尽量不要使用工具安装外侧的凸缘。

⑥ 分开车轮和支架。给轮胎充气，压力大于规定的胎压值，便于对中（3.5Pa）。

⑦ 稍稍降低一下压力，安装气门芯，之后重新充气到规定的压力值。

⑧ 在水槽内检查轮胎密封性。

注意：如果重新安装的是拆卸下的旧轮胎，并且标记了平衡块的位置，则不需要重新调整轮胎的平衡性。

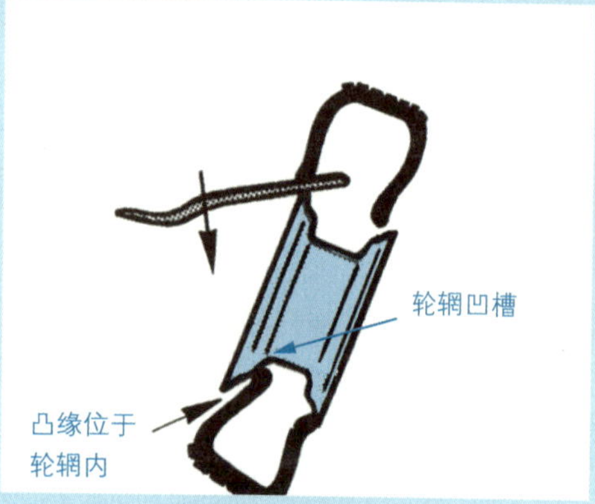

偏移轴心、拆卸

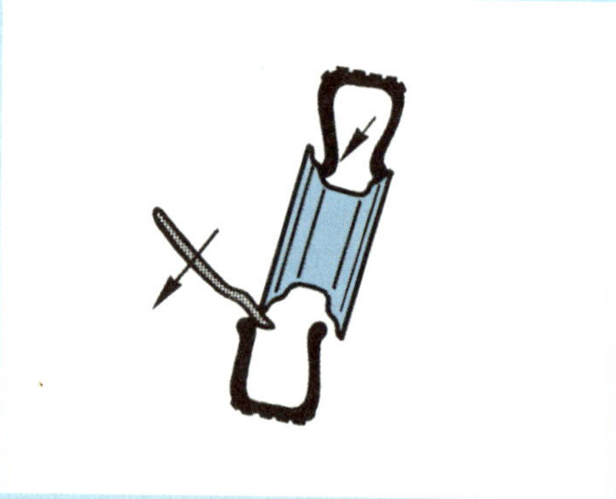

要点：

用拆胎机拆卸、安装轮胎也遵循同样的原则，即让轮胎一侧嵌入到轮辋内，防止胎圈钢丝线断裂。

更换轮胎（通过专用设备） 45

本节目标

☐ 更换轮胎,同时防止轮胎凸缘损坏

相关工具、资料

☐ 轮胎拆卸设备
☐ 2个轮胎拆卸扳手
☐ 1个气门芯拆卸扳手
☐ 轮胎专用润滑剂
☐ 胎压压力表
☐ 新的轮胎

准备维修

查阅技术文件，了解

- 轮胎尺寸
- 胎压值

准备

- 进行第44节描述的检查项目

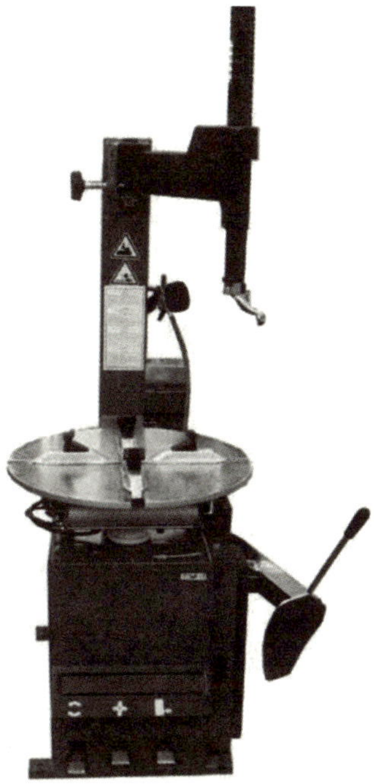

轮胎安装设备

进行维修

拆卸

① 松开轮胎两侧的轮罩(不要在气门嘴附近拆卸）。

② 横着将车轮放在支架上，用设备的棘爪固定。

③ 降低设备支架, 直至设备内侧与轮辋的边缘接触，将轮胎凸缘装配到导柱上。

④ 从与设备相对的一侧，向轮辋下方推轮罩,以抬高胎圈.顺时针旋转托盘。

⑤ 对第二个胎圈重复上述操作。

检查

① 胎面：花纹是否过度磨损及花纹深度是否

符合要求，至少应深1.6mm。

② 轮辋：是否有损坏、断裂。

③ 内部：是否有金属异物、破损、起泡。

④ 车轮：是否有撞击痕、氧化痕。

⑤ 必要的话清洗轮辋。

安装

① 如果安装新的轮胎的话，清洁轮辋，更换气门嘴。

② 标记轮罩的安装方向。

③ 给轮罩胎圈润滑。

④ 将轮罩放在轮辋上，按照拆卸轮罩时的状态安装设备支架。

⑤ 按照顺时针将气门嘴放在距离工具10cm处。

⑥ 将胎圈放在工具前端下面，滚柱之上，然后沿顺时针手工将轮罩固定在轮辋上，直至出现阻力 。

⑦ 沿顺时针旋转托盘，以安装轮罩的第一个胎圈。

⑧ 对第二个胎圈重复上述操作。

⑨ 给轮辋润滑，给轮胎充气至3.5Pa的压力；之后稍稍降低压力，安装气门芯；再给轮胎充气到规定值。

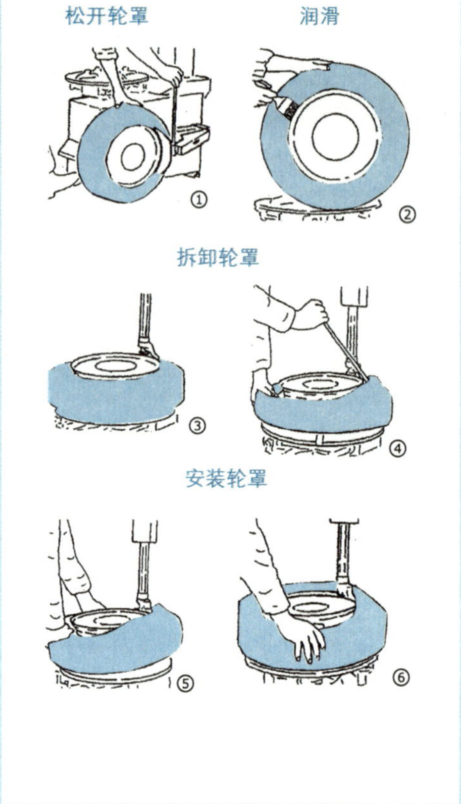

用专用设备安装、拆卸轮胎操作示意图

要点：

操作之前，需要将专用设备调节好，防止损坏轮胎或轮辋。

调节车轮平衡性 46

本节目标

☐ 利用平衡块调节轮胎的平衡性，避免对转向系统和悬架产生不利影响

相关工具、资料

☐ 整车技术文件
☐ 车轮平衡器
☐ 平衡块拆卸-安装钳
☐ 常用工装

准备维修

查阅技术文件，了解

- 轮胎的尺寸
- 前后轮胎胎压

准备

1.车轮

① 抬起车轮，清掉泥污，尤其是内部的污物。
② 通过压缩空气干燥。
③ 去掉轮胎花纹内夹住的石块。

2.设备工具

① 将托盘调整到适合车轮固定系统的状态。

□ 针对带轴颈的普通托盘：

- 测量固定孔孔距，把轴颈放在托盘上（数量和孔距）。
- 首先放一个轴颈到托盘0号孔内，轴颈的销子位于盘面的凹槽内。
- 随后按照待维修车轮固定孔的数量，放置相同数量的轴颈。
- 手工拧紧轴颈的固定螺母，再用扳手紧固。

□ 针对对中锥：

- 将螺钉固定在托盘轴上。
- 对着托盘固定弹簧和对中锥。
- 将车轮安装在对中锥上。
- 用快速拧紧螺母拧紧车轮。

车轮平衡器

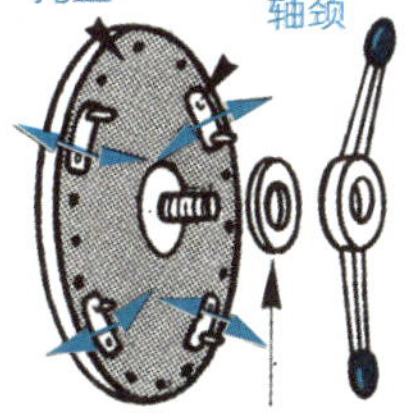

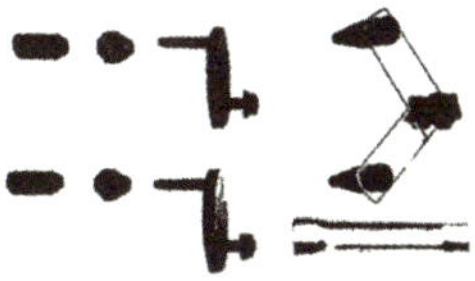

普通托盘

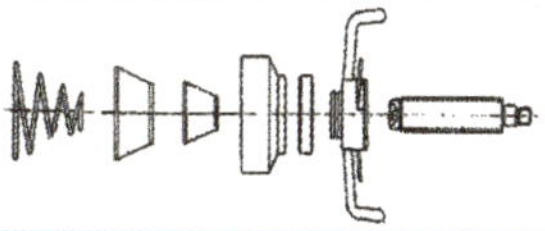

对中锥

② 标定设备，使其显示螺旋弹簧或轮毂的宽度、车轮的直径、车轮偏移距。按压相应的按钮。

进行维修

1. 原理

① 动平衡：

- 相对于旋转轴偏移处不平衡，导致变形。
- 需要将平衡块放在与缺陷处相对的轮毂外侧边上。

② 静平衡：

- 旋转轴平面上不平衡（中间面）。
- 需要将平衡块放在与缺陷处相对的轮毂内侧。

2. 检查

① 降低保护罩，使车轮转动。

② 读取静平衡值和动平衡值，左侧显示的数值是内侧的不平衡度，右侧显示的是外侧的不平衡度。

③ 如果超过10g，则需调节平衡度。

3.调节平衡度

以下内容仅为举例说明。任何情况下，均需按照平衡器使用说明进行。

① 去掉原有的平衡块。

② 传动车轮，使之转动。

③ 停止车轮转动。

④ 在设备指示的平衡块位置处做上标记。

⑤ 内侧不平衡性：旋转车轮，使原来位 于显示屏左侧的两个箭头转到相反的位置上。车轮停止转动，将平衡块放在轮毂内侧中部位置。

外侧不平衡性：对位于显示屏右侧的箭头做上述同样的操作。

⑥ 固定平衡块。

⑦ 固定好平衡块后，重新起动车轮，检查平衡性，显示表应显示“0”。

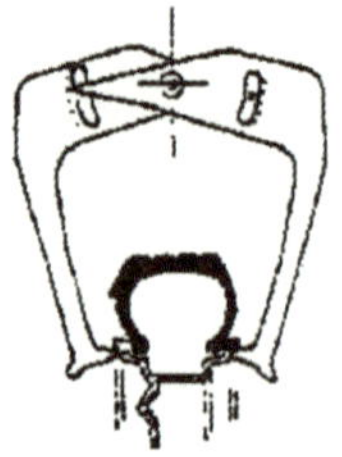

圆规

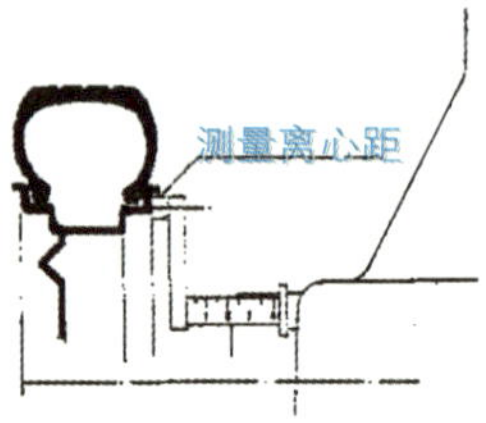

量尺

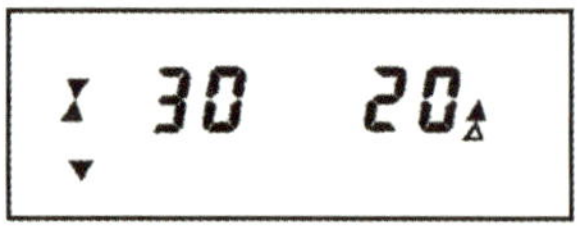

测量结果示例

要点：

平衡块的尺寸一定要适合轮毂边缘尺寸，否则在行驶过程中可能会掉落，导致车辆振动。

用某些设备调节平衡性时，不需要拆卸原有的平衡块。这类设备在调整旋转类零件时（制动盘、离合器盘、轮毂等）较有优势，但是不能在没有完整调节系统的平衡性的情况下直接调节平衡性无问题的车轮。

准备检查车辆尺寸 47

本节目标

□ 对出现抓地力缺陷或轮胎异常磨损的车辆前桥进行预检

相关工具、资料

□ 整车技术文件

□ 卷尺

□ 检查记录表

□ 常用工装

准备维修

查阅技术文件，了解

- 主机厂规定的轮胎的尺寸
- 胎压
- 平行轮距
- 前后轮距、前束角

准备（预检查）

- 检查轮胎尺寸的符合性，状态和压力（见第43节）
- 检查悬架（见第40节）
- 检查轴承、球头销、转向系统间隙
- 将车辆放在平地上
- 取掉驻车制动手柄

检查-诊断

检查中点

① 旋转转向盘，直至右侧，然后再至左侧，记录下圈数。

② 数值除以2。

③ 按此数值向右转转向盘，转向盘应在位于右侧线上，车轮应在车辆平齐线上。

④ 如果不对中的话，应拆卸转向盘，重新与转向柱对中（按照主机厂的工艺要求）。

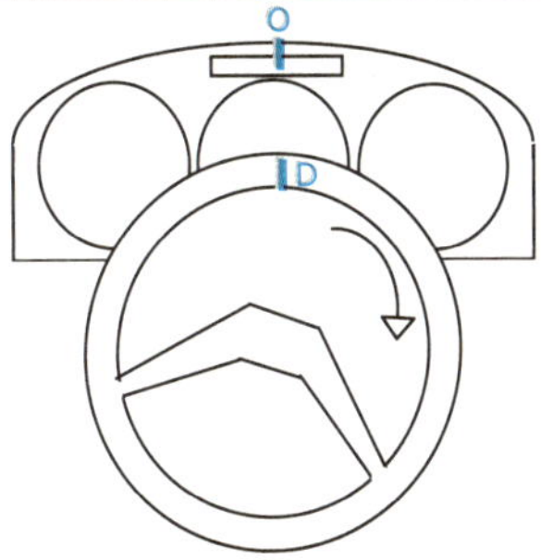

旋转至最右侧

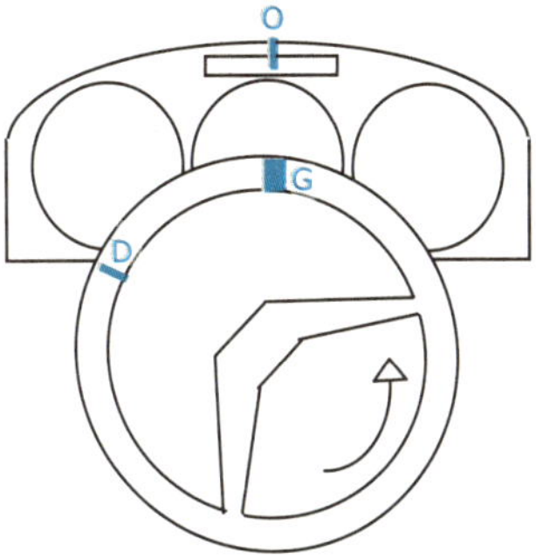

旋转至最左侧

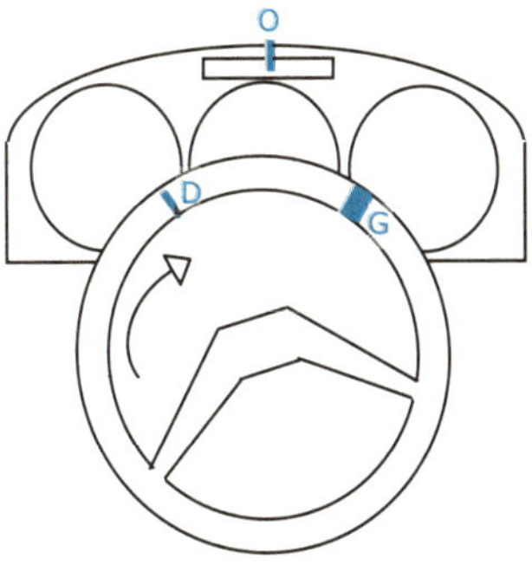

坐标对中

检查中点

测量

① 不要抬起车辆。

② 用钢尺，自左侧轮胎轴到右侧轮胎轴测量前轮距。

③ 进行两个测量：车轮前部A点、车轮后部B点：

- A点与B点两点尺寸差应等于主机厂规定的数值（前束）。
- 如果A点尺寸大于B点尺寸，则前束为外倾。
- 如果B点尺寸小于A点尺寸，则前束为内倾。
- 如果应为外倾，测得为内倾，则需要对前束角进行详细的检查。

④ 在右侧线上测量车辆左右侧轮距。

注：如果数值与主机厂要求的数值不一致，则需要用车桥测量设备完整地对前后车桥进行检查。

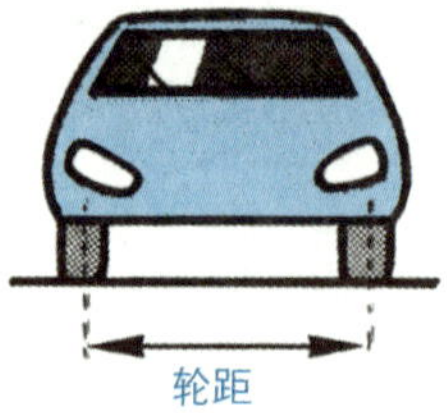

测量平行轮距

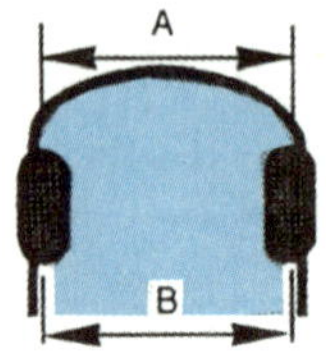

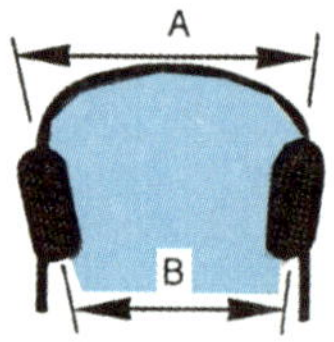

A大于B=前束外倾

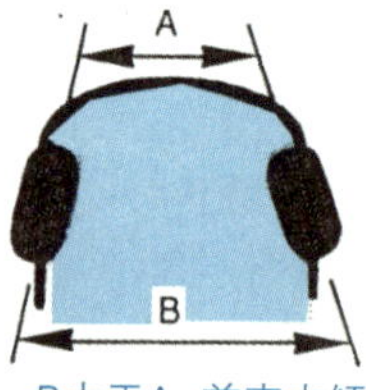

B大于A=前束内倾

测量前束

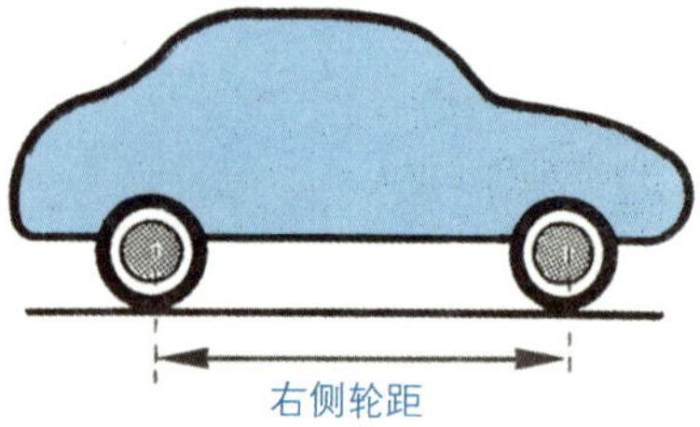

测量前后轮距

要点：

如何完整地检查前后车桥，见第48节

检查前桥尺寸 48

本节目标

- ☐ 查找抓地力不足、轮胎异常磨损的故障原因
- ☐ 检查车桥、调节前束，如有需要更换转向球头销

相关工具、资料

- ☐ 整车技术文件
- ☐ 测量记录表
- ☐ 常用工具
- ☐ 车桥检查台架

准备维修

查阅技术文件，了解

▶ 角度信息，并记录下来：

- 车轮外倾角
- 后倾角
- 侧倾角

▶ 针对前束和前桥角可以调节的点

准备

① 将车辆放在台架上，对中定位好。

② 进行初检（见第47节）。

③ 检查中点的位置（见第47节）。

④ 检查车身高度。

⑤ 安装测量头和旋转台架：

- 安装、连接测量头，确认测量头固定良好、不会掉落。必要的话应安装防掉落系统。给车桥台架实施张紧力。
- 抬起车辆，将旋转台架放在前轮下。需要的话在后轮下面放高度补偿垫块，或者松开后滚轮板。

⑥ 调整变形：通过车桥试验台架，调整每个车轮的变形量。

车桥检查设备

检查表

前部	主机数值		测得值		结论
	最大值	最小值	左侧	右侧	正常/异常
整体平行度					
局部平行度					
外倾角					
后倾角					
侧倾角					
后部	最大值	最小值	左侧	右侧	正常/异常
整体平行度					
局部平行度					
外倾角					
推角					

检查–诊断

检查中点

① 进行完整的诊断：通过车桥检查台架进行完整的诊断。

注：安装制动踏板压块时，起动发动机，可以借助制动辅助力，确保测量头部不要接触翼子板、保险杠。

② 记录下数值，写在本节所附的表格内。

③ 查阅主机厂的数值和调节角度信息。

④ 与主机厂的数值进行对比。

⑤ 调节前束角：在中点处定位方向，安装转向盘模块,调节前束角，按照规定的力矩值拧紧调节螺钉或螺母。必要的话，对中转向盘。

⑥ 检查所有车桥角度。

⑦ 调节所有可调节的角度。

⑧ 还原车桥台架。取出转向盘模块、制动踏板压块、前台架、后轮下的垫块。

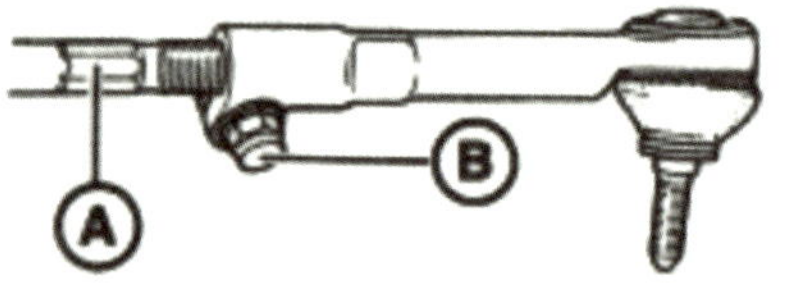

调节示例图：松开螺钉（B）后，旋转连杆（A），调节前束角

要点：

与主机厂的数值进行比较，可完善诊断。

不论使用的是何种检测台架，都可以按照上述顺序进行上述操作。任何情况下，在使用工具前，均应认真阅读使用说明。

更换车轮轴承 49

本节目标

☐ 检查、更换车轮轴承
☐ 正确使用液压压力机

相关工具、资料

☐ 整车技术文件
☐ 新轴承
☐ 液压压力机
☐ 卡簧钳
☐ 分隔器
☐ 轴承顶拔器和常用工装

准备维修

查阅技术文件，了解

- 转向节轴销的安装与拆卸方法
- 拧紧力矩

准备

- 在不拆卸的情况下，手竖向放在轮胎各侧，移动轮胎，检查4个车轮轴承的间隙和噪声
- 拆卸待测一侧的转向节轴销

进行维修

拆卸

① 取出轴承轮毂:

- 把分隔器放在转向节轴销和轮毂之间。
- 分隔器在液压压力机内保持不动，旋转轮毂，使其朝下。
- 在千斤顶和轮毂之间放一个直径稍微小于轴承内径的推杆。
- 按压液压泵，降低千斤顶，取出轮毂（注意不要摔落）

② 取出位于轴承轮毂内的环:

- 用小凿子，分开内环与轮毂。

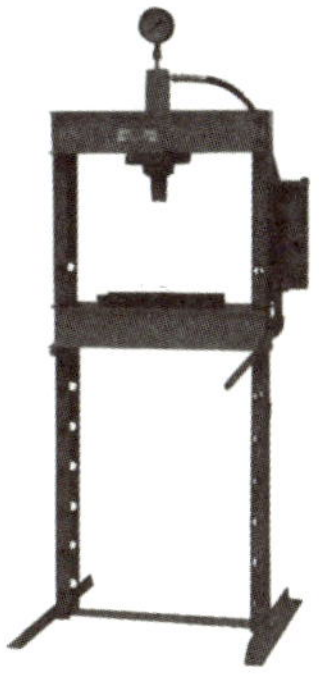

液压压力机

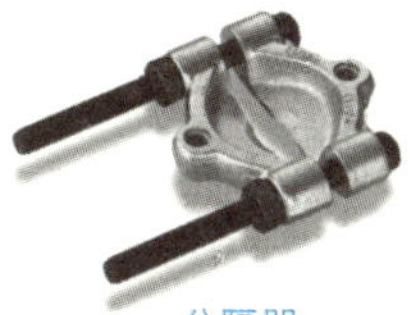

分隔器

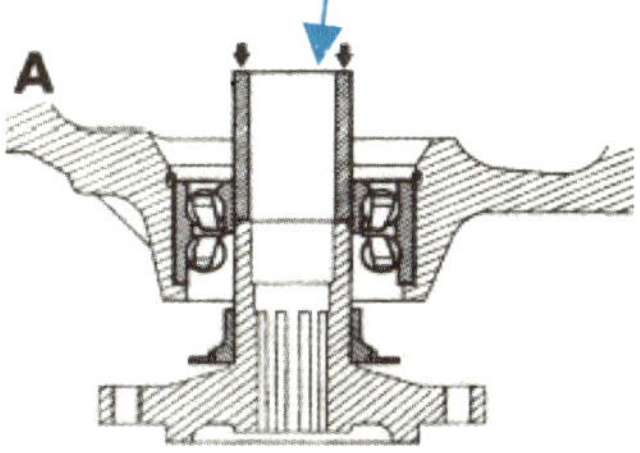

从轴承内取出轮毂

- 用分隔器和两个螺钉，从轮毂内取出环。
- 磨。掉凿子可能留下的飞边。

③ 从车轮内取出轴承：

- 拆下转向节轴销上轴承固定卡环。
- 将转向节轴销放在大于轴承直径的垫片上。垫片应放在最接近轴承的转向节轴销上。
- 在轴承内环上放一个推杆。
- 按压液压泵，降低千斤顶，取出轴承。

重新安装

① 准备零件：

- 小心清洗所有零件。必要的话，用砂纸去掉锈痕。
- 轻轻为轴承座施加润滑。
- 从包装内取出轴承，其上面的内环应固定良好。如果内环上配有固定塑料环，不要拆卸，保留在原位。

② 重新将轴承装在转向节轴销上：

- 将轴销放在压力机上。
- 使用与轴承外径对应的推杆。
- 按压液压泵，降低千斤顶，装入轴承。确保轴承嵌到底（压力机压力突然增大）。松开压力机。
- 安装一个新的卡环。

③ 重新将轮毂放在车轮轴承上：

- 将与轴承内环直径对应的垫圈放在压力机上。
- 安装转向节轴销。
- 将轮毂放在轴承上。
- 按压液压泵，降低千斤顶,装入轮毂。确保轴承嵌到底（压力机压力突然增大）。松开压力机。
- 检查轮毂在转向节轴销内是否旋转良好。

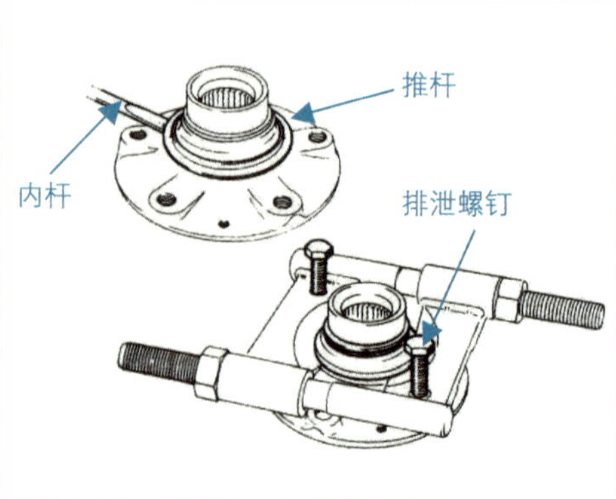

从轴承内取出轮毂上的内环

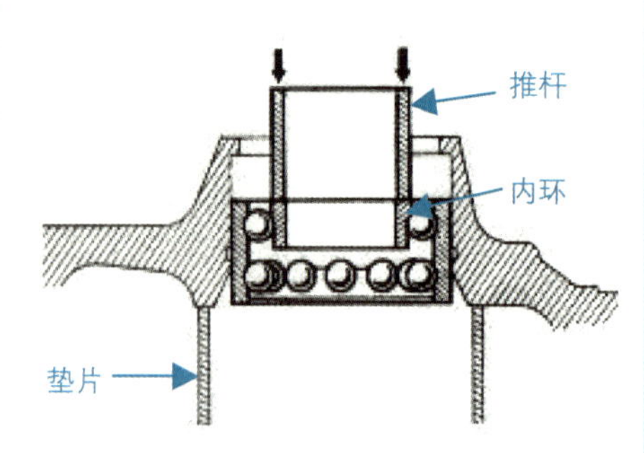

从车轮中取出轴承

要点：

使用液压压力机时要尤其注意安全操作。

在行驶中检查轴承噪声时，要在车辆起动时将轴承调到最紧状态，仔细听声音，确定噪声出在哪一边。

万用表的使用 50

本节目标

☐ 能够正确使用万用表进行检测

相关工具、资料

☐ 万用表

准备维修

准备

▶ 万用表是能够有效、可靠进行检测的现代工具之一。使用之前，应认真阅读使用说明书

▶ 万用表选择标准：

- 测量精确度
- 测量范围
- 高压保护
- 防碰撞功能（橡胶套）
- 测量频率

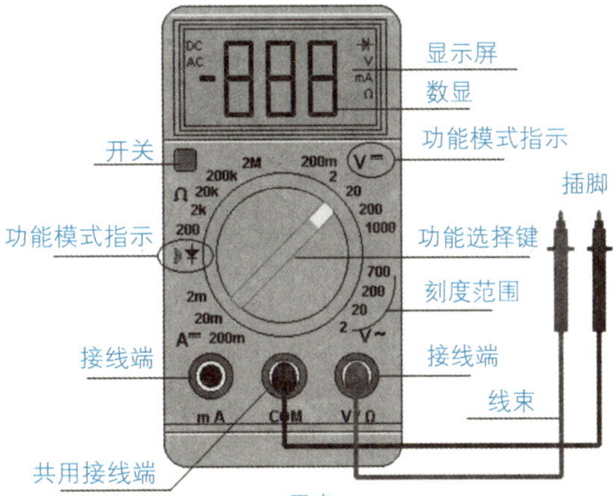

万用表

测量

测量电压

电压是一条线路上两点之间的电位差，以伏特为单位表示。

① 将万用表调到电压功能（连续电压）。

② 选择合适的范围，如0~20V。

③ 连接设备与待测零件的接线端子，注意正负极：线路段（正极）对应设备红色按钮，搭铁端（负极）对应黑色按钮。

④ 读取数值。

注意：电压表测量时需并联被测对象。

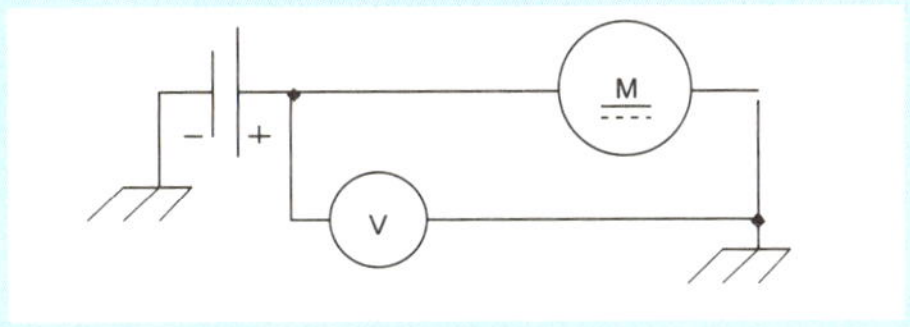

测量电压

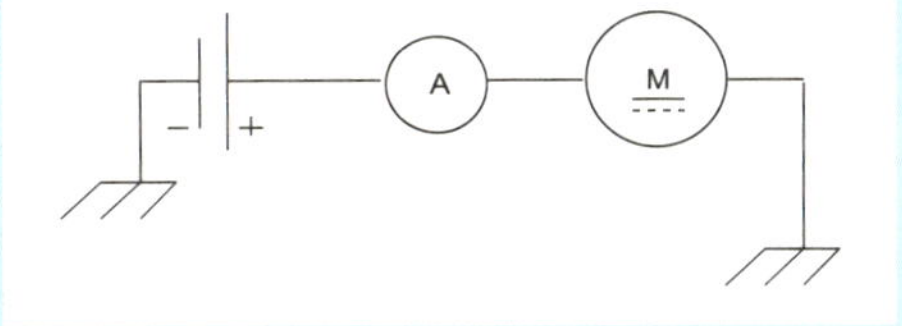

测量电流

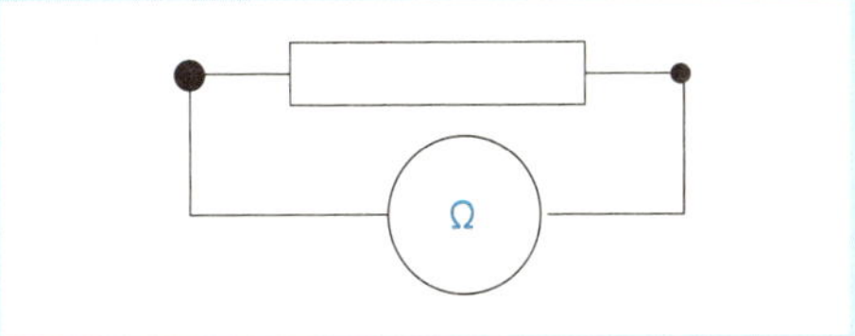

测量电阻

测量电流

电流是一个线路内每秒流动的电量，以安培为单位表示。

① 将万用表调到安培表模式。

② 选择合适的范围（直到10A）。

③ 将设备红线连接到插头上(10A）。

④ 线路不要有电压。

⑤ 断开线路和待测零件。

⑥ 连接设备和待测零件接线端子：设备红色按钮连接线路电源（正极），黑色按钮连接到零件电源入口。

⑦ 给电路供电压。

⑧ 读取数值。

注意：安培表应与被测零件串联。

测量电阻

线路内电流通过的阻力为电阻，以欧姆为单位表示 。

① 将万用表调到欧姆表模式。

② 选择合适的范围（0～10Ω）。

③ 线路不要有电压。

④ 断开待测零件的电路。

⑤ 连接设备和待测零件的接线端。

⑥ 读取数值。

注意：测量电阻时线路不要有电压和绝缘零件。欧姆表应与被测零件并联

功率

每秒零件消耗的电能，以瓦特为单位表示。

注：

- 在串联线路内，零件之间是一端接一端的方式连接的。
- 在并联线路内，零件之间线路独立连接。

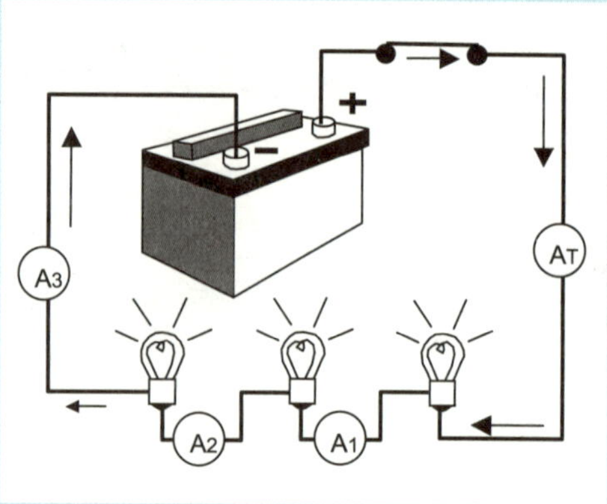

并联

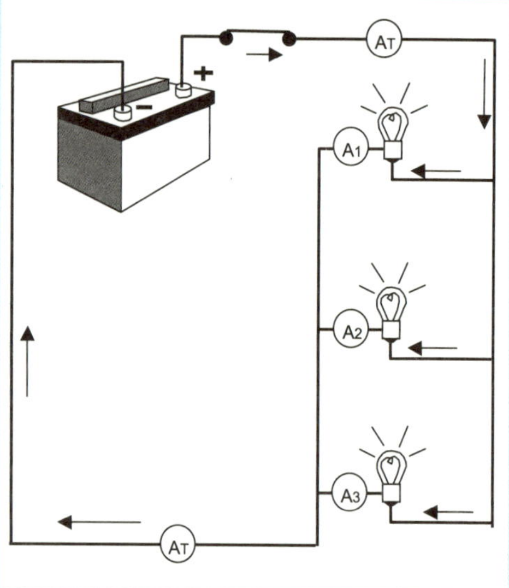

串联

要点：

测量较大电流时，应使用安培表表钳，注意要提前阅读测量工具使用说明。

各品牌相似功能的万用表价格均相近。

检查蓄电池及充电 51

本节目标

☐ 检查蓄电池能否正常充电，能否正常为起动机输送电流

☐ 给蓄电池充电

相关工具、资料

☐ 伏特表

☐ 安培表表钳

☐ 蓄电池充电器

☐ 比重计或折射剂

☐ 检查记录表

☐ 蓄电池

准备维修

查阅技术文件，了解

▶ 蓄电池的特征

准备

了解蓄电池各类故障特征：

▶ 蓄电池异常放电（前照灯为亮起状态）：充电10h，再次检测。

▶ 交流发电机不能正常对蓄电池进行充电：检查交流发电机的充电效果。

▶ 蓄电池充不进电：充电10h，起动起动机，重新检查。

▶ 起动机短路，耗能异常：用电流表表钳检查起动机消耗电流的情况。

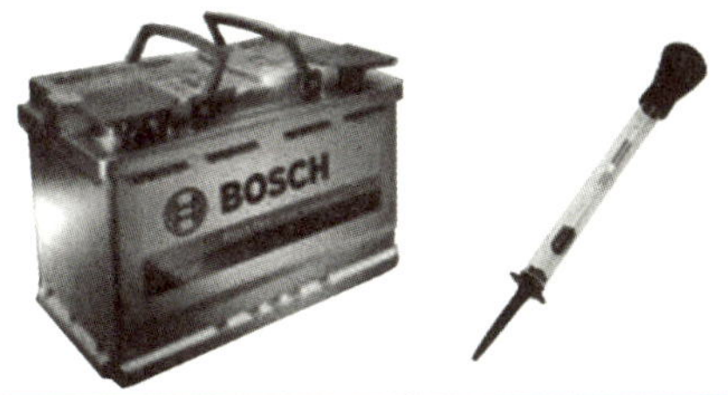

蓄电池　　比重计

蓄电池充电器

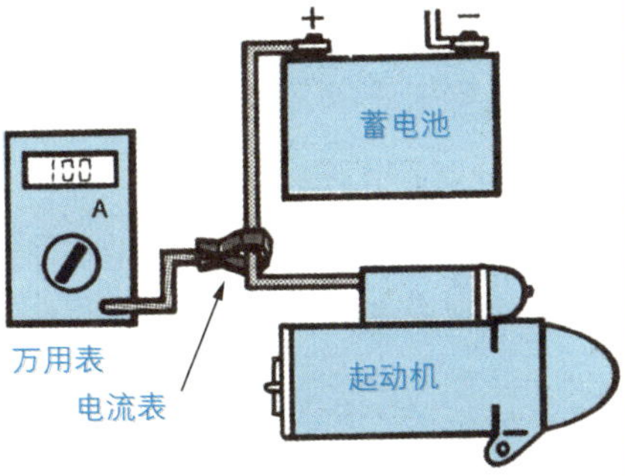

检查起动电流

测量-检查

拆卸

① 断开蓄电池或断开负极。

② 检查电解液的含量（高于极板10~15mm深）。

③ 打开堵盖。

④ 并联连接充电器：充电器正极连接蓄电池正极，负极连接负极。

⑤ 调节充电电压（12V）。

⑥ 为充电器通电压。

⑦ 充最低水平的电量，一般为10h内为电池充额定电量的十分之一，比如40A・h的电量=10h・4A。

注：很多充电器有调节系统：开始充电时，电流强度最大，之后逐渐降低，当安培表为0时，蓄电池即已充好电。

检查

① 除去蓄电池上的油污和潮湿痕迹。

② 检查电解液的液位：高于极板10~15mm（只能加蒸馏水)。

注：在高温阶段，轻微的耗水是正常的。如果是大量的耗水，则需要检查下充电线路是否工作正常。

③ 分开接线柱和端子，检查电路是否连接良好；将蓄电池安装到车上；用电压表测量蓄电池电压。

④ 检查蓄电池充电状态：用比重计检查电解液，充电良好的蓄电池电解液密度应 > 1260g/L。

⑤ 空转电压（未连接）：

- 正极12V：蓄电池充电。
- 负极12V：蓄电池放电。

⑥ 起动电压：激活起动机5s，不要起动，读取电压值：。

- 正极9.6V：正确。
- 负极9.6V：错误。

⑦ 负载下电压：起动发动机、加速，如果

- 电压大于空转电压：正确。
- 电压小于空转电压：电量不足。
- 电压大于14V：检查交流发电机（调节器）。

要点：

蓄电池在充电时，不能靠近火源，否则有爆炸的危险。同样的，不要在停止运行之前直接断开充电器。

蓄电池在不使用时，要防冻、防潮，保存在15℃左右较为适宜。

不要混淆充电器和起动机助力器，后者是用来临时消除蓄电池的故障的。

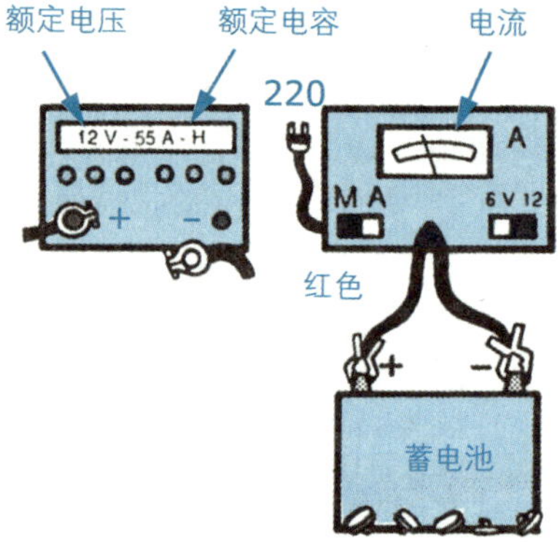

连接蓄电池

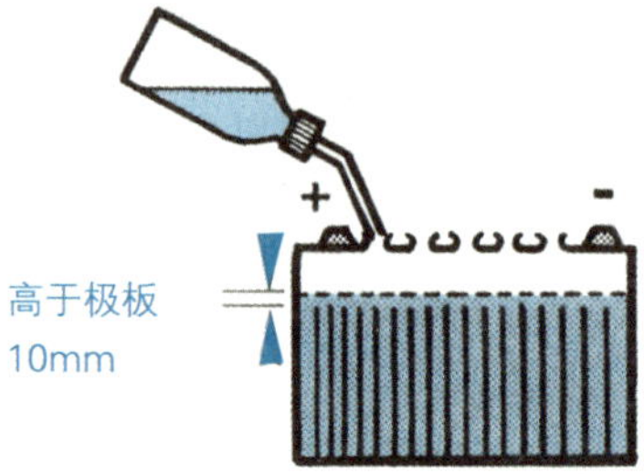

检查电解液的液面

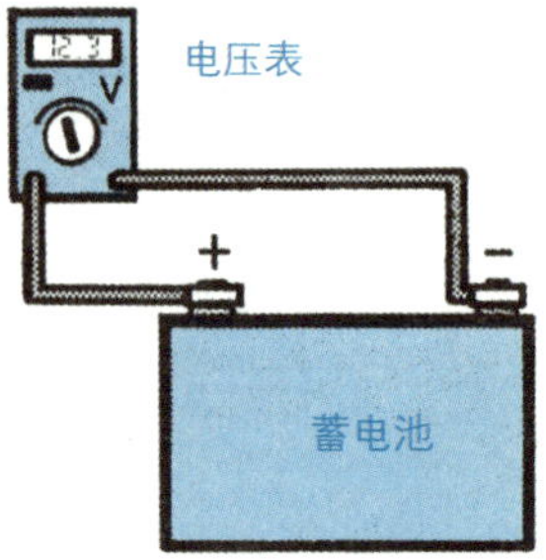

检查电压

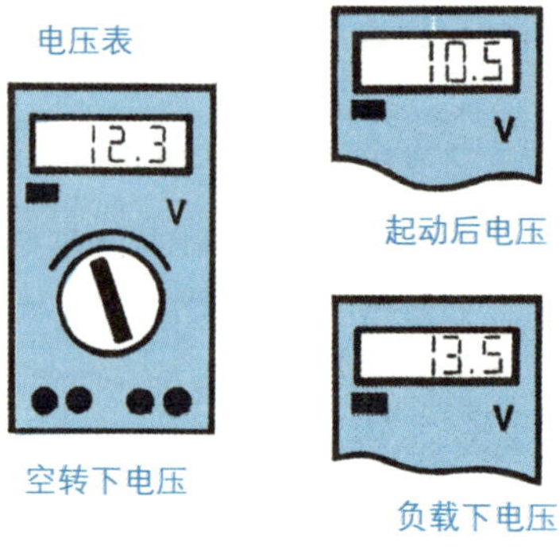

检查继电器 52

本节目标

☐ 了解继电器及其电路图
☐ 学习如何检查继电器

相关工具、资料

☐ 万用表
☐ 常用工装
☐ 继电器
☐ 蓄电池

准备维修

查阅技术文件，了解

▶ 继电器的类型及其特征

准备

▶ 将继电器拆卸下来

测量-检查

① 检查继电器控制线圈的电阻。一般情况为60~100Ω（依据主机厂要求）：

- 如电阻无穷大，则线圈有断路。
- 如电阻接近0，则线圈有短路。

② 检查继电器，直接操作蓄电池：如果有咔嗒声，则说明继电器控制部分良好。

③ 用欧姆表检查继电器受控状态下，与功率元件相连部分的电阻：

- 如果功率元件接线端之间的电阻很小（小于0.5Ω），则接触良好。
- 如果电阻大于0.5Ω，则触点有磨损，会导致电压下降。

也可以模拟继电器工作模式，检查其线路状况，对此只需要。

- 断开继电器的连接。

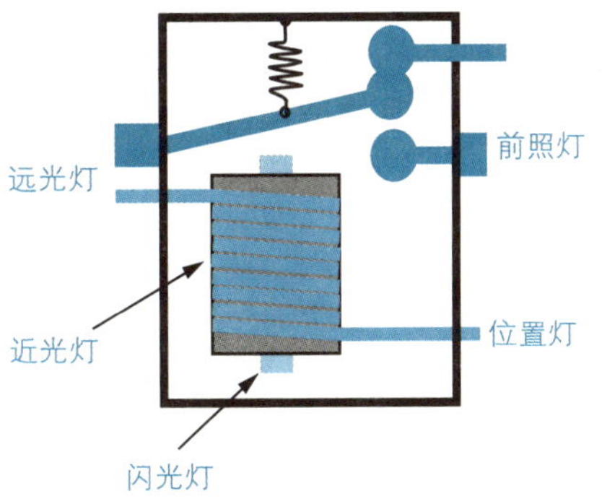

- 连接继电器触点两个接线端的插头，即模拟其工作模式。

如果通过继电器供电的系统工作正常，那么就是继电器控制装置有问题；如果系统工作不正常，那么就是继电器供电有问题或线束有问题。

备注：任何情况下均应按照主机厂的要求进行检测。

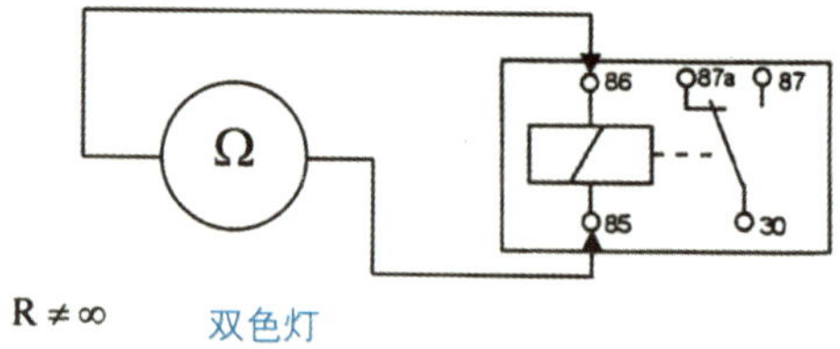

双色灯

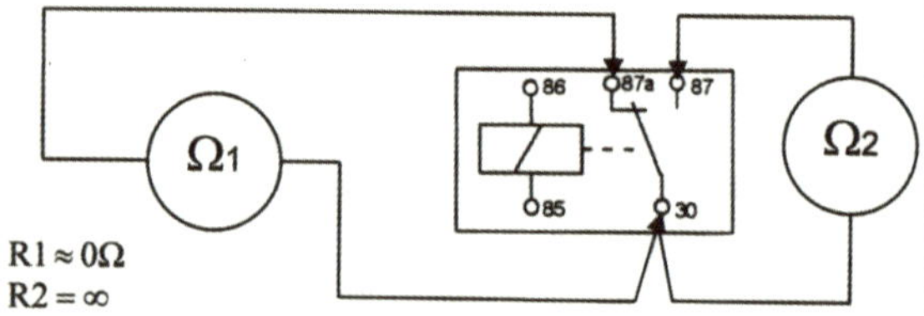

照明检查

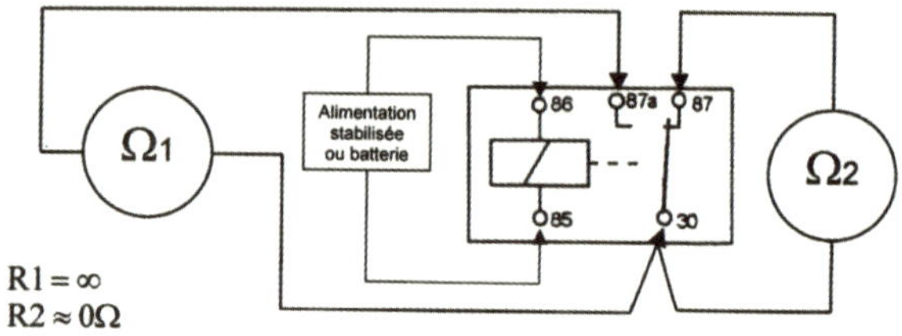

倒车灯

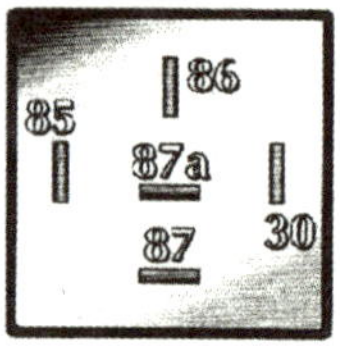

位置灯

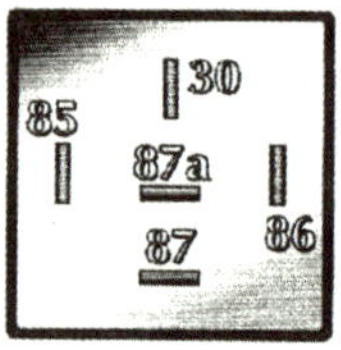

制动灯

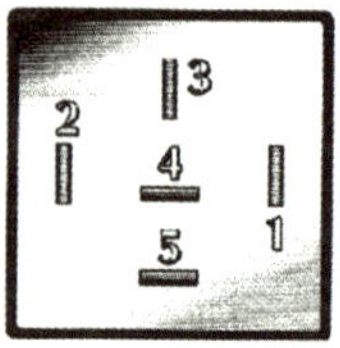

车牌照明灯

后雾灯

要点：

如果继电器电路中有功率二极管，注意检查线路连接情况时，不要混淆控制线路搭铁和供电的方向。

检查照明与信号系统 53

本节目标

☐ 学习如何检查、调节车辆照明、信号系统

相关工具、资料

☐ 整车技术文件
☐ 车辆使用手册
☐ 检查记录表

准备维修

准备

▶ 电路图
▶ 熔丝盒的位置
▶ 每个熔丝盒对应的功能
▶ 后灯和前照灯的拆卸方法

检查

照明

① 示廓灯：前面2个，后面2个。灯的功率为5W。
② 远光灯和近光灯：H4 2 灯丝55/60W卤素灯。如果灯丝变灰，需要更换灯泡。
③ 后牌照照明：1个或几个5W的灯泡。
④ 雾灯：后雾灯21W，前雾灯55W。

信号灯

① 制动灯：应打开开关。踩制动踏板，第3制动灯的灯光应强于示廓灯（示廓灯5W、制动灯21W）。
② 转向灯：先打开左侧转向灯，再开启右侧转向灯，转向灯应闪烁；否则说明前后灯中某一灯泡有缺陷。如果灯泡功率不良，则闪烁的频次将会变化（灯泡功率为21W）。
③ 后倒车灯：车辆点火，挂倒档，倒车灯应亮起（灯泡功率是21W）。
④ 根据车辆配置检查各灯（远光灯、防雾灯等）。

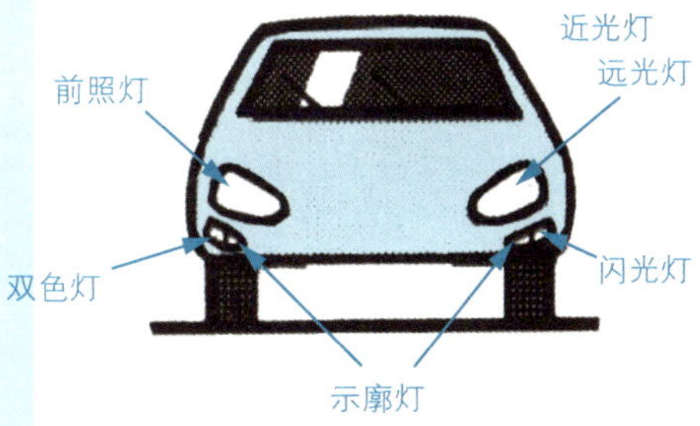

照明检查

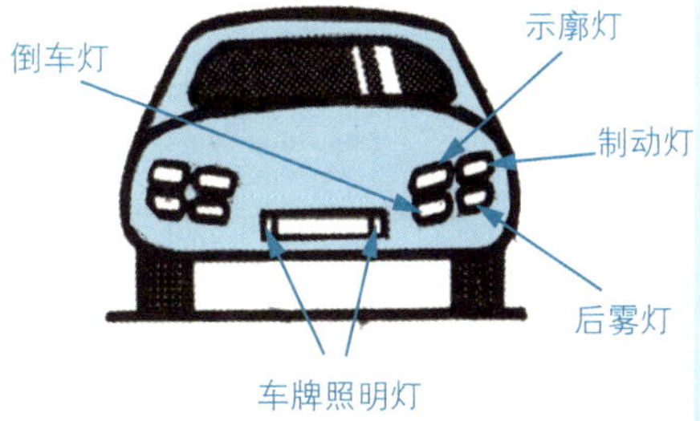

信号灯检查

诊断：

如果一个灯不工作：

诊断		问题		需进行的检查
更换灯泡	是	灯泡是否烧毁	否 ↓	需要检查灯丝和欧姆表之间的连通性
接地不良	是	灯座处是否有电压	否 ↓	在绝缘端子和接地之间连接欧姆表（U=12V）
更换熔丝	是	熔丝是否烧毁	否 ↓	用欧姆表检查熔丝（R=0）
更换开关	否	开关是否状态正常	是 ↓	关闭开关，接线端子处应有电压
清洁、重新拧紧或重新连接	否	接线端是否连接	是 ↓	检查连接、有无杂物、连通性（进出两端的电压）
重新让蓄电池给线路供电	否	点火前或点火后是否有电压		检查线路和蓄电池之间的电压

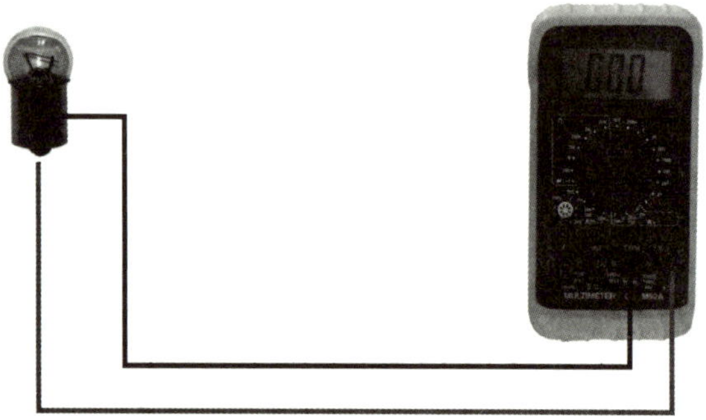

灯泡检查

要点：

对灯的调节方法见附件。

不要将手放在卤素灯上。

正常情况下，放电灯的使用寿命（氙气灯）与车辆使用寿命是一致的。

调节前照灯 54

本节目标

☐ 调节近光灯光束高度和远光灯灯束方向

相关工具、资料

☐ 整车技术文件

☐ 前照灯检查设备及其使用说明

准备维修

查阅技术文件，了解

- 灯泡更换方法
- 前照灯调节螺钉的位置
- 检查条件

准备

① 清洗前照灯玻璃

② 检查前照灯球形罩的状态，是否有石击痕迹，固定状态是否良好

③ 检查照明、信号系统是否工作正常，尤其是灯：

- 示廓灯
- 远光灯
- 近光灯

检查灯泡是否合格，必要时更换有缺陷的灯泡

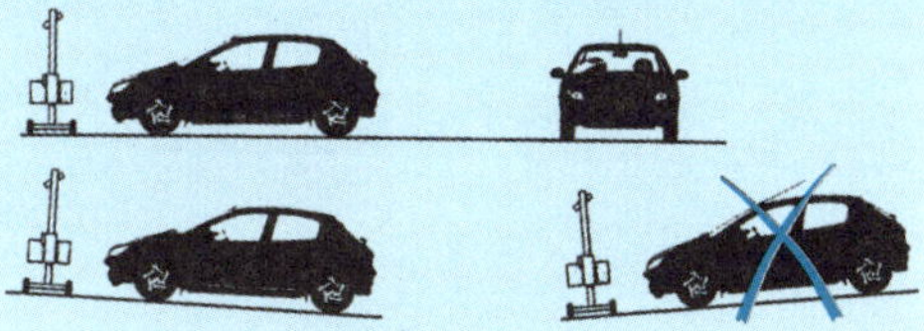

位于平地上的车辆和前照灯检查设备

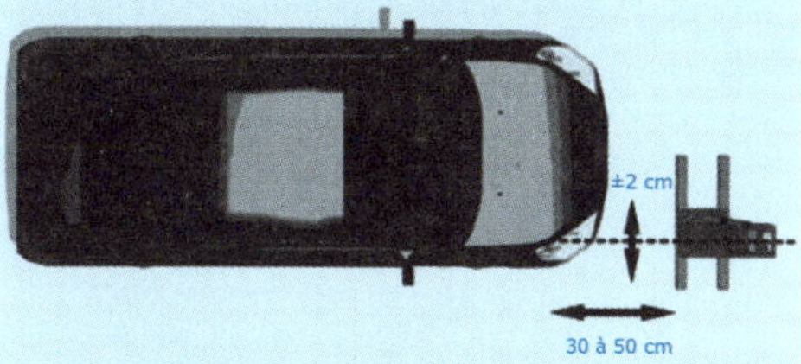

灯调节设备的固定

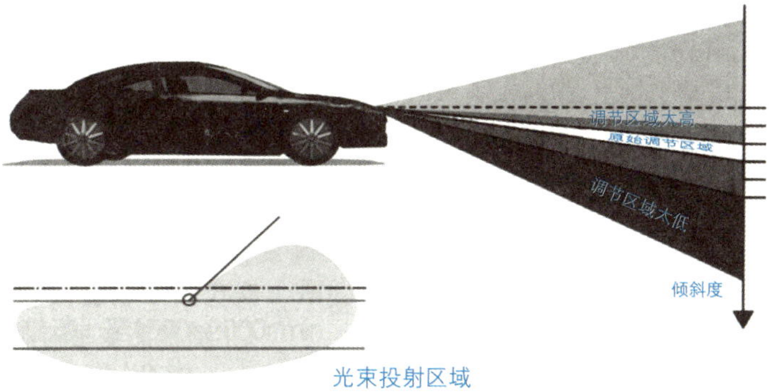

光束投射区域

④ 将车与前照灯检查设备放在平地上。

⑤ 清空车内。

⑥ 调节前照灯下调开关至位置0。

⑦ 将设备放在车辆轴线上。

⑧ 调节设备高度与长度。

⑨ 阅读设备使用说明。

测量–检查

① 将控制按钮打到近光灯位置。

② 将光束折叠轮调节到要求的数值状态。

③ 检查光束的上侧位置：

- 高度。
- 水平度，偏离度。

④ 调节光束的高度和方向至图示位置。如果不能调节，检查前照灯内灯泡的位置：

- 利用光谱表，检查水平性。
- 利用十字形光谱表，检查公差。

⑤ 将转换开关调节到远光位置。如果近光灯调整良好，则光束上最亮的点应对中在设备的光电元件上；否则，调节光束方向。

⑥ 回到近光灯状态。

⑦ 按下光度计开关，完善方向度的调节。

⑧ 回到远光灯位置。

⑨ 读取光度计数值，完善方向度的调节。

⑩ 对另一前照灯重复上述操作。

注：如果光的强度太小，则应更换灯泡。如果反射面暗淡无光泽或玻璃有裂纹，则更换整个前照灯。

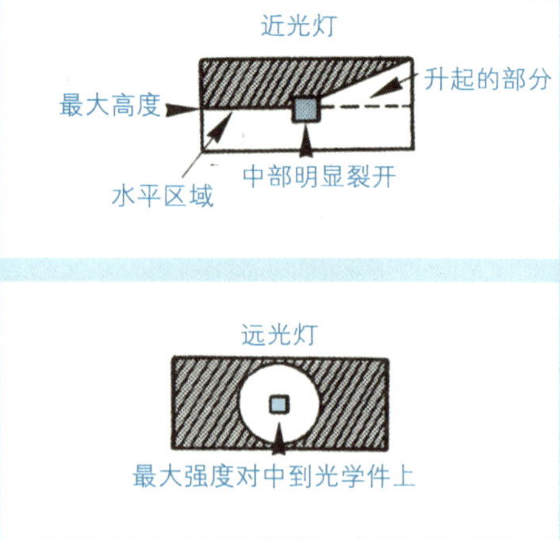

高度与方向调节

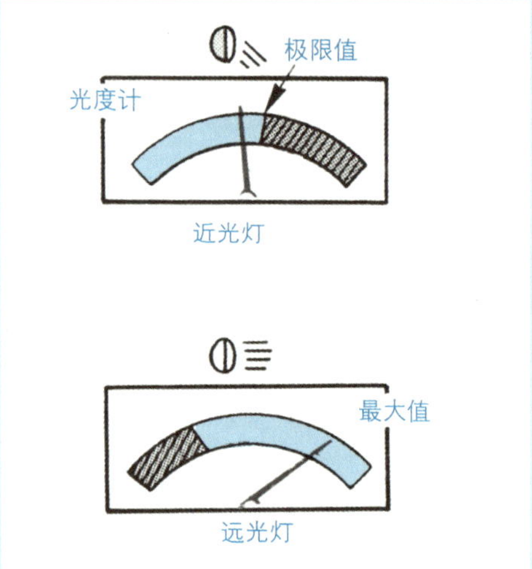

方向调节

放电灯

要点：

针对卤素灯（工作温度3200℃），拆卸之前应先使其冷却，不要用手指碰触玻璃。

法规要求装配氙气灯的车辆必须配有下列设备：

- 前照灯位置自动调节装置。
- 前照灯清洗装置。

更换起动机和交流发电机 55

本节目标

- ☐ 更换电器元件时防止短路、正确连接电路
- ☐ 调节传动带电压

相关工具、资料

- ☐ 整车技术文件
- ☐ 常用工装
- ☐ 扭力扳手
- ☐ 传动带张紧轮检查仪

准备维修

查阅技术文件，了解

- 起动机更换方法
- 交流发电机更换方法
- 电压检查流程

准备

针对起动机和交流发电机：

- 断开蓄电池负极
- 标记电器连接位置（线的颜色、接线柱的形状等）
- 断开所有连接（插接器或电线）
- 检查插接器或接线端的状态（是否干净、电线是否压接良好）

进行维修

拆卸起动机

① 标记了位置后，断开线束与插接器。

② 松开固定螺钉。

③ 拆卸起动机。

④ 检查、维修或更换起动机。

重装起动机

① 拧紧起动机与离合器外壳之间的固定螺钉。

② 连接蓄电池线束、起动机控制装置线束

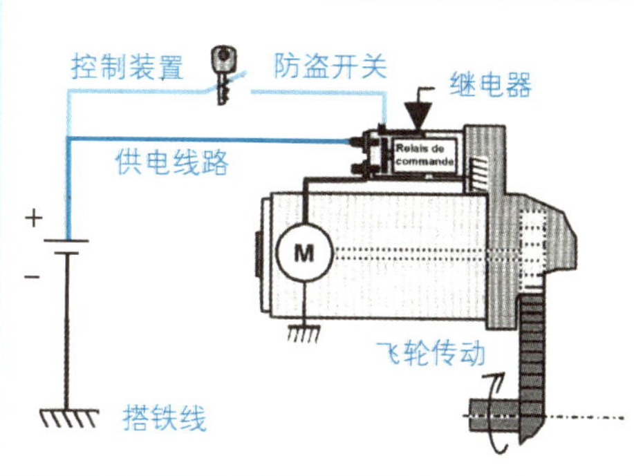

连接起动机

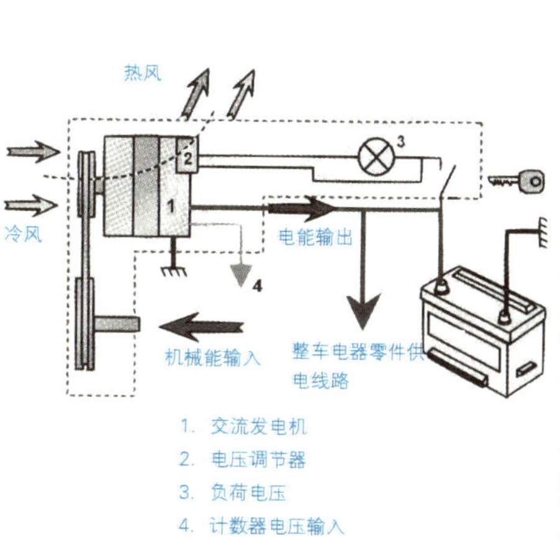

连接交流发电机

及其他线束。

③ 接通蓄电池，并试一下，发动机的转速应可以达到150r/min。

拆卸交流发电机

① 完成前述“准备”要求的操作。

② 松开转向节轴、张紧轮螺钉，但不能完全松开。

③ 松开、拆卸传动带。

④ 取掉张紧轮和转向轴的螺钉。

⑤ 拆卸交流发电机。

重装交流发电机

① 检查交流发电机的状态和符合性，交流发电机应放置到位。

② 安装转向轴和张紧轮的螺钉，不要拧紧。

③ 检查传动带的状态，必要的话，更换新的传动带。

④ 安装传动带和张紧轮的螺钉。

⑤ 张紧传动带的方法见下文。张紧力正确的话，即可拧紧张紧轮的螺钉和转向轴。

⑥ 按照拆卸时做的方向标记连接线束。

⑦ 连接蓄电池负极。

⑧ 起动发动机。

⑨ 检查交流发电机的充电情况：仪表板上的指示灯应熄灭。如不确定，应按第51节的内容操作。

张紧传动带

① 将张紧力检查仪放在传动带处（按照主机厂要求操作）。

② 旋转交流发电机，张紧传动带，直至主机厂规定值。

③ 拧紧张紧轮螺钉和交流发电机旋转轴，直至主机厂规定的力矩值。

④ 拆下张紧力检测仪。

⑤ 让发动机旋转2周，以分配传动带张紧力。

⑥ 重新放上张紧力检查仪，测量检查数值。

⑦ 必要的话，对张紧力进行校正。

附注：如果张紧轮系统为自动张紧的，则无需采用上述方法，应按主机厂的规定进行。

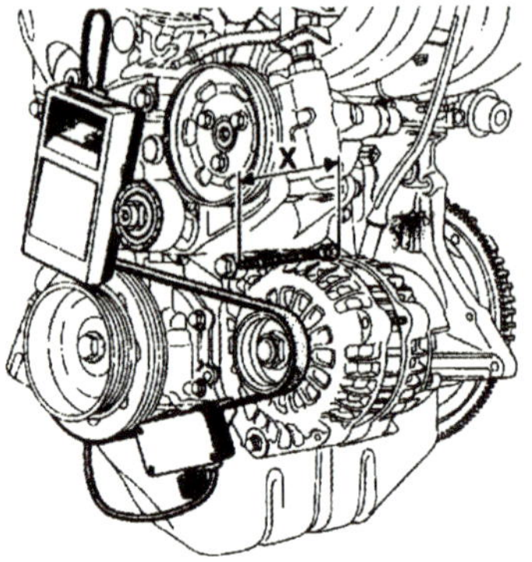

调节传动带的张紧度

要点：

起动机电路和充电电路没有熔丝保护（电流强度太大），所以一旦出现短路则后果严重，如电路烧毁、引起火灾等。

检查充电电路

56

本节目标

□ 学习蓄电池放电过快或负荷过高的情况下如何检查交流发电机及其调节器

相关工具、资料

□ 整车技术文件
□ 检查记录表
□ 万用表
□ 钳形电流表及其使用说明
□ 负荷线路检测设备

准备维修

查阅技术文件，了解

- 检查交流发电机的编号，看是否与主机厂提供的一致
- 最大电压和额定电压值
- 发动机各转速对应的电流值

准备

- 准备万用表和钳式电流表
- 检查：
  - 交流发电机传动带的状态和张紧度
  - 各插接器的状态（干净度、接线端是否拧紧等）
- 检查电解液的含量（见第51节）
- 检查蓄电池电量，记录下空挡时的电压（发动机停止时），与标准值进行对比

测量-检查

检查漏电

发动机停止、开关断开、无任何耗电的情况：

① 将钳式电流表放在蓄电池的正负极电路上（注意电流表的方向），调节电流表。

② 按照使用说明连接电流表与万用表。

③ 观察是否有电流通过，此时仪器上会显示

交流发电机

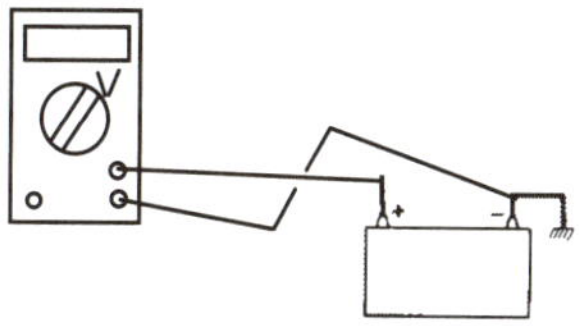

检查蓄电池电压

数值。

检查电压

1.检查无耗电情况下的电压

① 在蓄电池正负极连接万用表。

② 记录蓄电池电压。

③ 起动发动机。

④ 渐加快发动机的运行，记录电压值。标准值为13.5~14.8V：

- 如果电压值保持与发动机停止时的数值一致，则无需更换交流发电机。
- 如果电压超过最大电压值（15V）则，说明调节器工作异常

2.检查耗电情况下的电压

① 连接万用表和蓄电池极桩。

② 起动发动机并开启耗电源，如前照灯、后窗除霜器、空调、玻璃清洗器等。

③ 逐渐加强用电负荷，电压稳定后，记录数值。

④ 与标准值进行比较。标准值为13.5~14.8V。

检查交流发电机输出的电流

① 将电流表放置在连接发电机与蓄电池的线上。

② 起动发动机，及耗电源（前照灯、后窗除霜器、空调、玻璃洗涤器等）。

③ 加速到2000r/min，记录电流强度。

④ 与标准值进行对比。2000r/min对应的标准值最小为30A。

要点：

发动机旋转的情况下，不要断开蓄电池。连接蓄电池时，要起动发电机。在没有万用表和钳式电流表的情况下，可以用充电线路检测设备检查

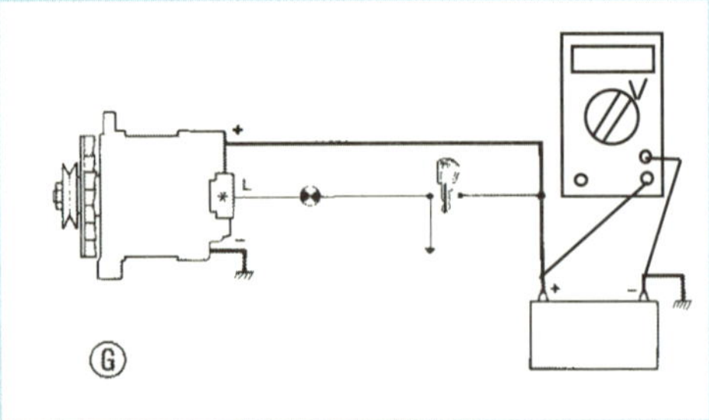

检查无耗电情况下的电压

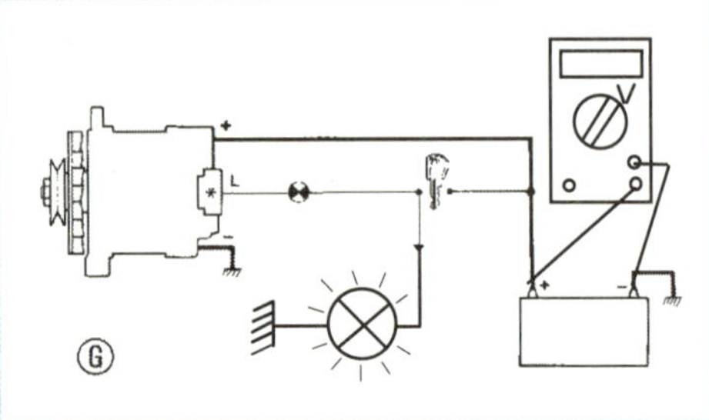

检查耗电情况下的电压

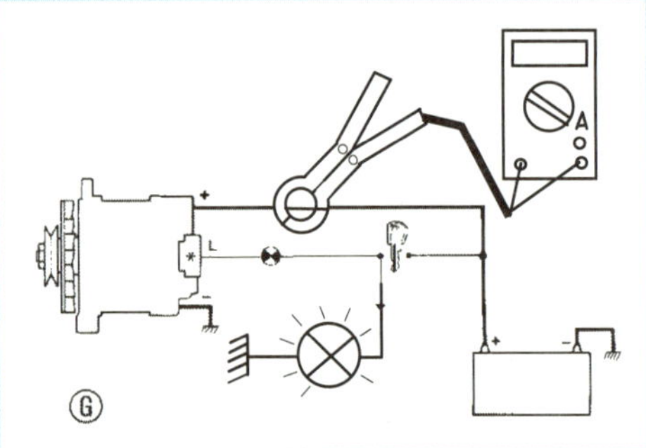

检查交流发电机输出的电流

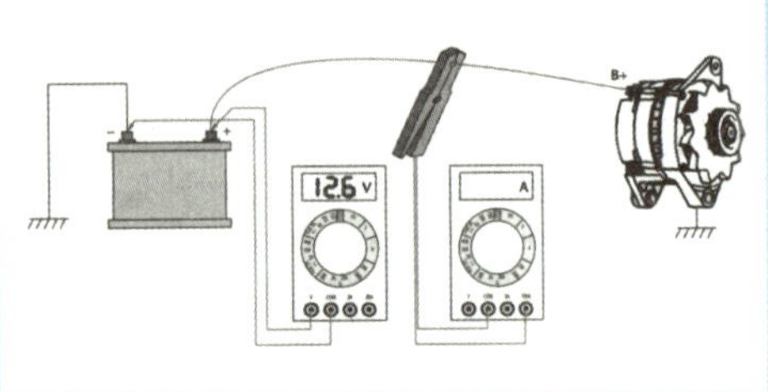

同时检测电压和电流

检查起动机电路

57

本节目标

☐ 按照安全规定检查、诊断起动机电路

相关工具、资料

☐ 整车技术文件

☐ 检查记录表

☐ 万用表

☐ 钳式电流表及其使用说明

准备维修

查阅技术文件，了解

- 起动机的编号
- 蓄电池的空转电压和起动电压
- 起动机所需电流强度

准备：

- 准备万用表、电流表
- 检查：
  - 发动机传动是否足够快
  - 起动机是否有异常噪声
- 检查电解液的液位
- 检查蓄电池电量状态（断开点火系统和喷射系统），记录空载电压、起动电压，与标准值进行比较

测量-检查

检查开关电路

断开线路和点火线圈：开启起动机时，蓄电池和断开的电线之间的电压应约为12V。

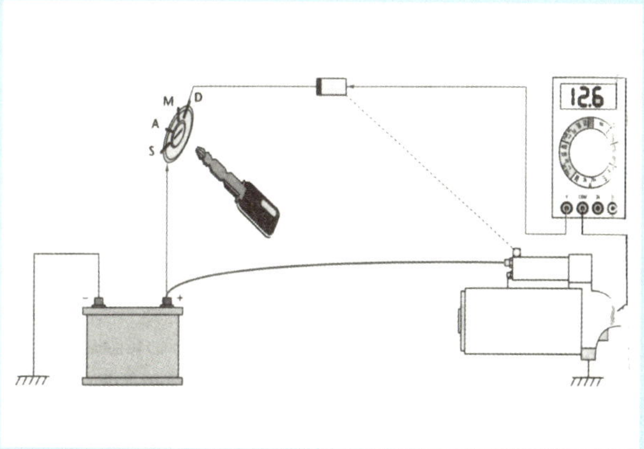

检查线路

检查异常电阻时，需要查找电压下降值。起动发电机时，需要断开点火和喷射系统：

① 检查起动机供电线路：允许的电压下降值约为0.5V。

② 检查开关继电器：允许的电压下降值约为0.8V。

③ 检查搭铁连接：允许的电压下降值约为0.1V。

④ 检查起动机的耗电：在起动机线束周边放置电流表。理论值约为80A。

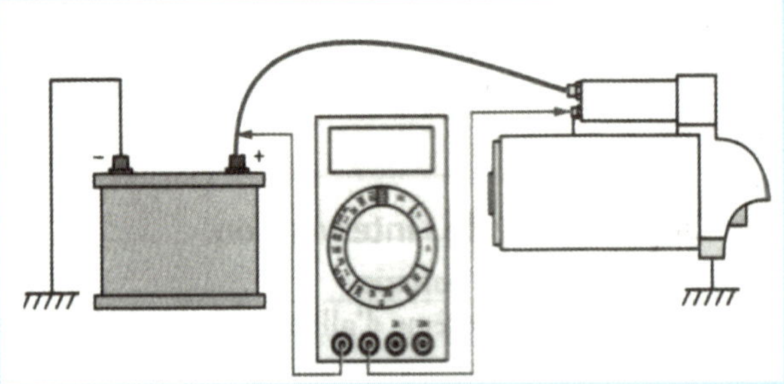

检查起动机电源线路

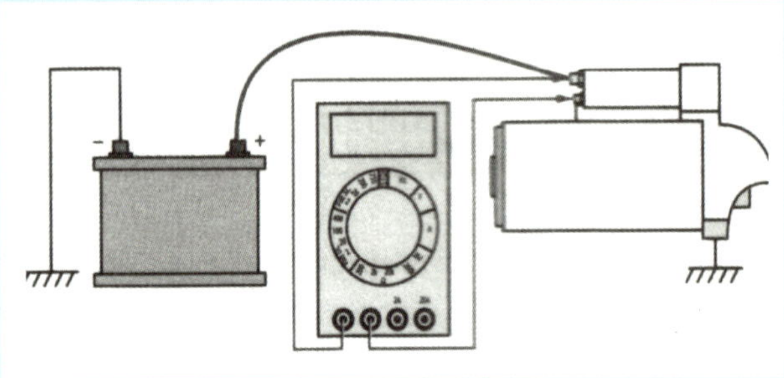

检查开关继电器

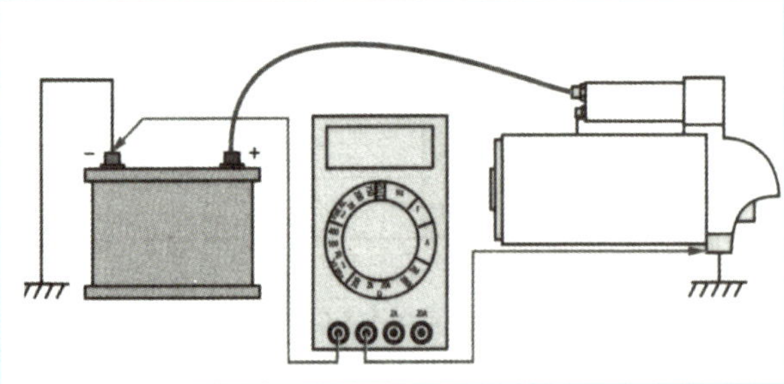

检查搭铁线路

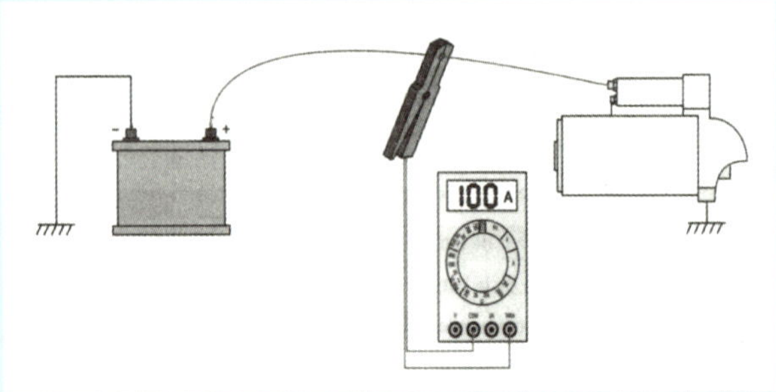

检查起动机耗电

要点：

发动机旋转的过程中不要断开蓄电池。所有的连接都必须在发动机停止的情况下进行。

维修起动机 58

本节目标

- □ 查找起动机噪声大、耗能多、旋转速度慢的故障原因
- □ 检查起动机的整体状态

相关工具、资料

- □ 整车技术文件
- □ 检查记录表
- □ 万用表

准备维修

查阅技术文件，了解

起动机的型号（刻在缸体上）

准备

- ▶ 拆卸起动机
- ▶ 连接蓄电池，试运转一下起动机：起动机应运行，以正常速度旋转，起动机离合器自由轮应工作

进行维修

拆卸

① 断开供电线束与施感线圈的连接。
② 拆卸螺钉和后制动系统。
③ 拆卸后侧板、调整垫圈。
④ 拆卸起动机本体。
⑤ 插入分离叉轴（有的话）。
⑥ 松开、取出螺线管，拉出分离叉轴，标记其方向。
⑦ 拆卸装有起动机齿轮的感应线圈。
⑧ 插入卡箍，拉出环或半环，拉出卡箍和起动机齿轮。

机械性检查

① 检查感应线圈架和搭铁之间的间隙（是否有摩擦痕）。
② 电枢绕组线圈和励磁绕组之间是否接触良好。
③ 集电极的圆度误差（最大0.05mm）。用一段轨迹经磨削的金属锯片取出两个薄片

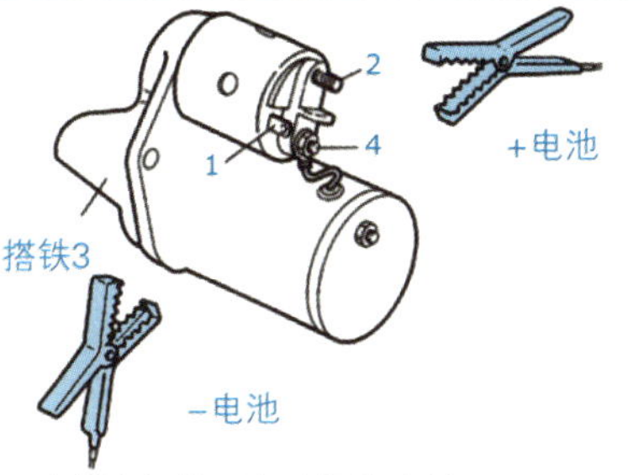

1. 表钳负极位于起动机端头侧
2. 表钳正极位于接线柱1：开关应有“啪啪”声，起动机齿轮应前进
3. 表钳正极位于接线柱4：起动机应旋转
4. 表钳正极同时位于接线柱1和2：起动机齿轮应前进，发动机旋转

起动机测试（拆卸后）

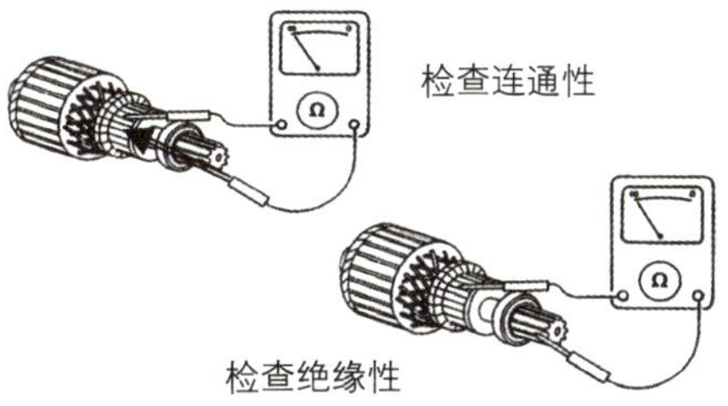

感应检查

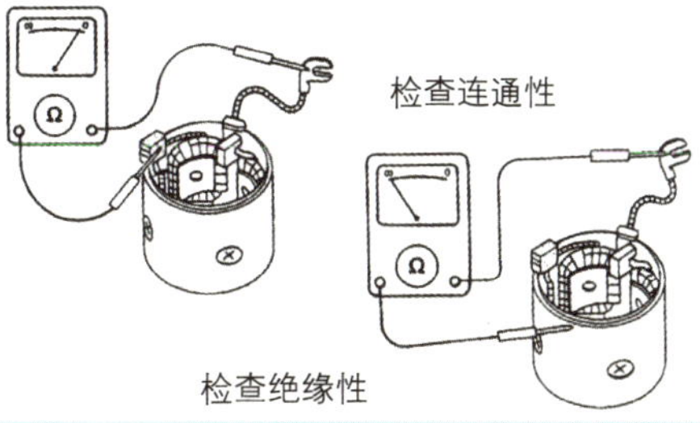

励磁绕组检查

之间的绝缘体。

④ 自由轮应可以在一个方向上自由转动，另一个方向上可耐受力矩。

⑤ 将感应轴的端部放入其固定座内，检查前后卡箍。

⑥ 继电器的状态：滑动、磨损；弹簧状态：压紧力。

⑦ 检查焊接、集电极薄片、线圈、非绝缘张紧轮的外观状态。

电检

① 感应线圈：

- 连通性：在集电极两个卡箍上连接欧姆表，欧姆表上应显示主机厂要求的电阻值。
- 绝缘性：在集电极和感应本体之间连接欧姆表，设备应显示无限值。如果欧姆表显示电阻值，则说明集电极和搭铁之间有短路，需更换转子。

② 起感线圈：

- 连通性：在电刷和线圈电流入口之间连接欧姆表，设备应显示主机厂要求的电阻值。
- 绝缘性：在电刷和本体间连接欧姆表，设备应显示无限值，否则说明有短路。

③ 螺管线圈：激活起动线圈，铁心应可以移动。

④ 电刷支架或侧板：

- 正极：绝缘。
- 负极：连通。

⑤ 起动机齿轮：

- 检查自由飞轮和齿轮。
- 齿轮应与起动机旋转方向相同，不应出现反向旋转。

重新安装

① 需要的话更换电刷。

② 轻轻为起动机齿轮侧的轴润滑。

③ 按照与拆卸相反的顺序安装零件，注意：

- 螺线管和分离叉轴的方向。
- 后侧板、线圈架和起动机鼻形端部之间的平齐度，注意防差错设计。

④ 重新安装受感制动器，保证电刷和集电极之间接触良好。

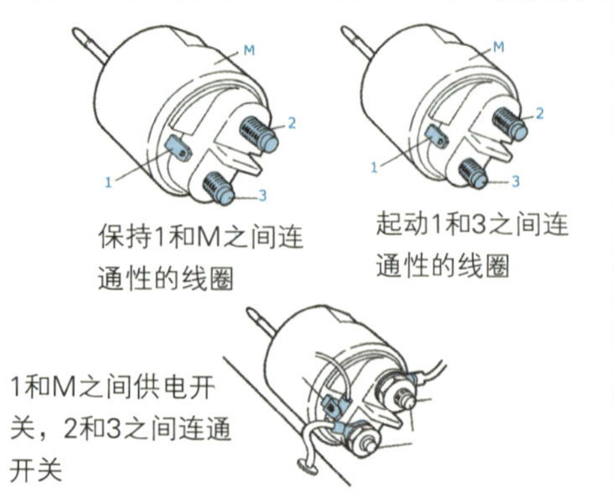

螺管线圈检查

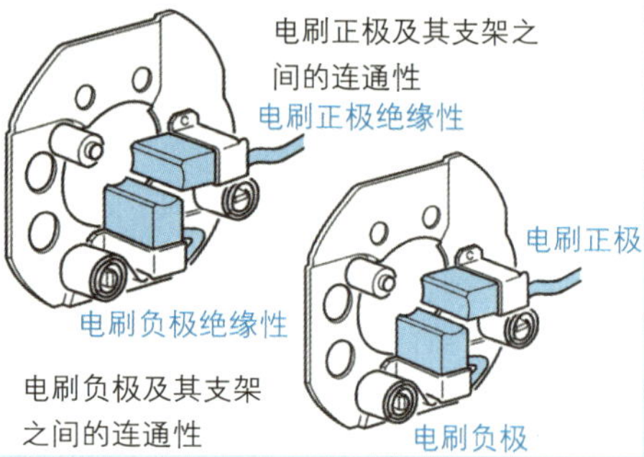

电刷支座检查

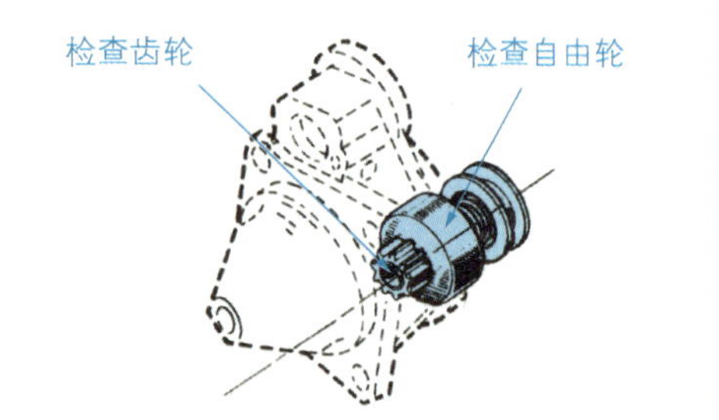

起动机齿轮检查

要点：

动态试验在起动机试验台架上进行。没有的话，在重装之前，在电池上重新试一下起动机。

如今，对起动机的返修非常少，在返修之前，要看一下是否有必要返修。有时更换一个新起动机的成本，反而低于维修的成本。

维修交流发电机 59

本节目标

□ 学习如何查找交流发电机不供电或供电不足的故障原因

相关工具、资料

□ 整车技术资料
□ 检查记录表
□ 万用表
□ 烙铁

准备维修

查阅技术文件，了解

▶ 交流发电机的类型
▶ 记录电阻值
- 转子–励磁
- 定子–感应

准备

▶ 拆卸交流发电机
▶ 检查转子自由转动情况
▶ 检查是否有运行噪声

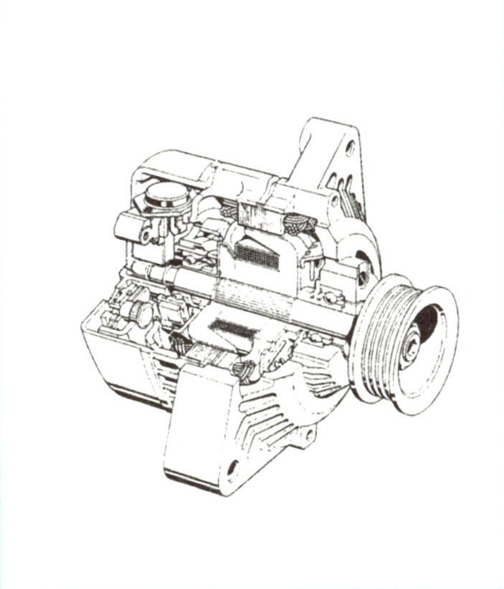

拆卸下来的交流发电机

进行维修

拆卸

① 拆卸传动带、散热器、风扇。
② 拆卸电刷架调节器。
③ 拆卸拉杆、后轴承。首先拆焊二极管，给线束做标记。
④ 拆卸线束。在二极管尾端放置一个夹钳，防止温度过高损坏零件。拆卸转子和定子。
⑤ 插入前轴承。
⑥ 通过顶拔器从转子。轴中取出后轴承。

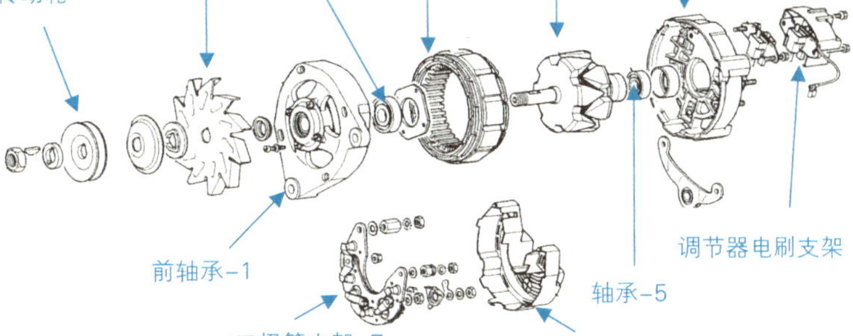

检查机械部分

① 手动旋转轴承，观察状态。
② 检查转子和定子。
③ 检查环的状态。用砂布进行磨光。
④ 测量电刷的长度，与基座配合是否良好，弹簧是否正常。

检查电器部分

① 转子

- 连通性：在两个环上连接欧姆表，三者之间应连通，设备上应显示转子的电阻值，并与主机厂规定的一致（5~12 Ω）。
- 绝缘性：在轴与其中的一个环之间连接欧姆表。设备上应显示电阻无限大。如果欧姆表上显示了电阻值，则说明线圈与搭铁之间有短路，需要更换转子。

② 定子

- 连通性：在定子两个出口之间连接欧姆表，欧姆表上应显示电阻值，并符合主机厂的要求（0.1~0.7 Ω）
- 绝缘性：连接定子娴熟和骨架之间的欧姆表，设备上应显示无限值，否则说明有短路。

③ 二极管的连接

- 负极二极管：将欧姆表的一个触头放在二极管的支架上，另一个触头接连触碰出口处的每个杆；再把两个触头调转，重复做一遍。每个出口处应指向0，另外一向指向无穷。
- 正极二极管：进行同样的检查，结果应相反。

④ 电刷支架：检查电刷支架负极的绝缘（搭铁方向）和电刷支架正极的连通性（绝缘）。

⑤ 检查调节器：在发电机上检查调节器。在蓄电池接线端上连接欧姆表，让发电机加快，电压表上显示的电压应稳定在14.5V左右。

重装

① 更换磨损件。
② 按照与拆卸相反的顺序重新装回零件。

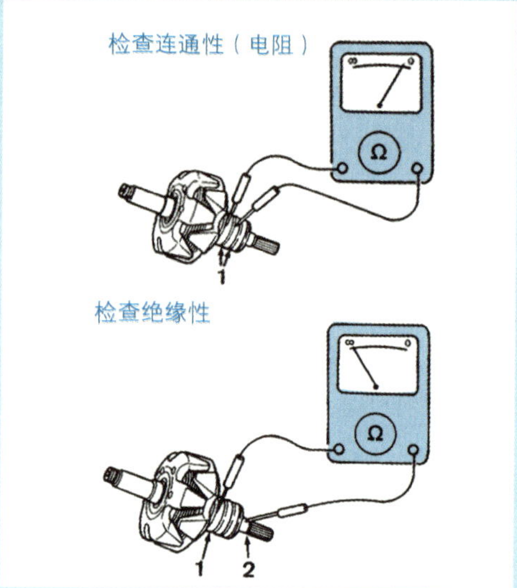

检查转子

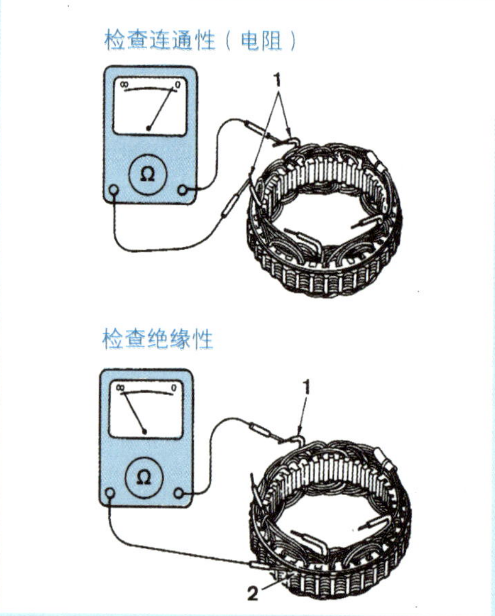

检查定子

要点：

交流发电机动态电器试验在专用的试验台架上进行。

目前，返修交流发电机的情况非常少，在维修之前，应评估是否有必要进行维修，某些情况下，更换交流发电机的成本还会低于返修的成本。

检查与维修空调

60

本节目标

- ☐ 按照安全要求返修空调
- ☐ 测量相关温度、压力
- ☐ 加注空调管路

相关工具、资料

- ☐ 整车技术文件
- ☐ 检查记录表
- ☐ 远红外线温度计
- ☐ 加注设备及其使用手册

准备维修

查阅技术文件，了解

- 空调各元件的位置
- 各管路之间如何连接
- 工作运行压力
- 主机厂相关数据（制冷剂、冷冻油数量）

准备

进行预检查：

- 检查压缩机传动带电磁离合器的状态和传动带张紧力
- 检查各个液位，并试驾车辆
- 发动机处于热态
- 反复开关空调，听压缩机电磁离合器有无噪声
- 打开中央风口，关闭其他风口
- 选择内循环模式
- 选择最低温度
- 选择空气出口朝向中央风口
- 记录数值之前，让制冷功能运行10~15min
- 把温度计传感器放在两个中央风口其中之一处
- 鼓风机的速度调整到最大速度的40%~50%
- 增大发动机的转速，至1500~2000r/min
- 蒸发器出口温度应约为5℃

空调检查台架

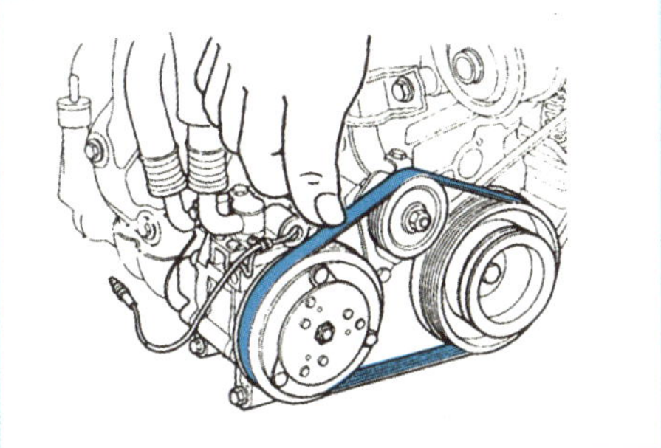

检查传动带张紧力

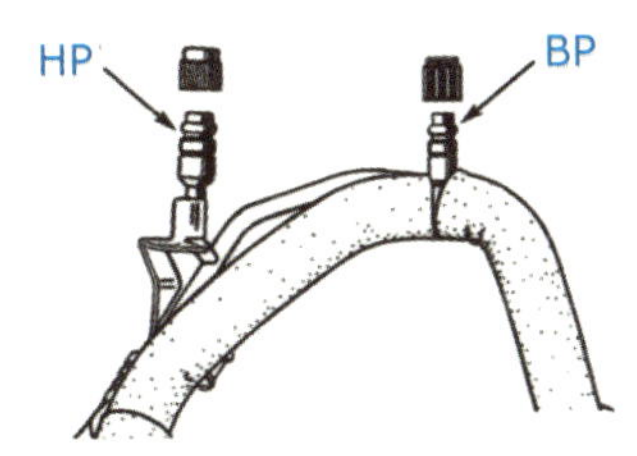

低压管与高压管示意图

检查-测量

① 首先满足主机厂要求的试验、检查条件（如上）。

② 在管路上连接压力计。

③ 记录外部环境温度。

④ 记录吹向乘员室的空气温度（中央出风口）、高压值、低压值。

⑤ 与主机厂的数值进行比较，必要时进行诊断。

⑥ 连接空调试验台和车辆。

⑦ 检查空调系统的性能，需要具备以下几个条件：

- 发动机热态。
- 选择最大制冷。
- 调到最大风速。
- 选择吹脸出风口。
- 测量时发动机转速为2000r/min。

⑧ 具备以上条件后，开始测量。

⑨ 如果所有数值正常，则可以通过空调台架开始空调管路加注。

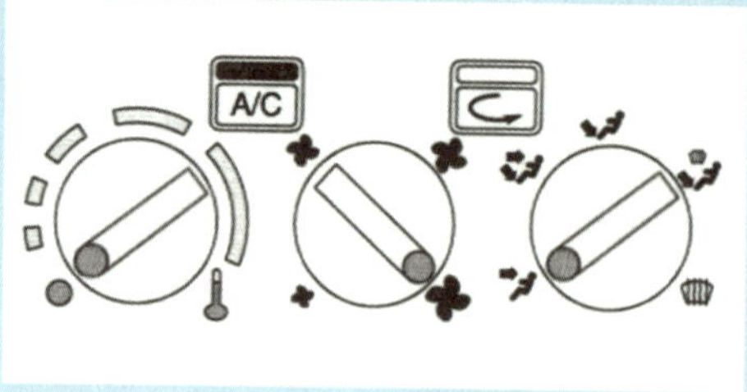

空调控制开关

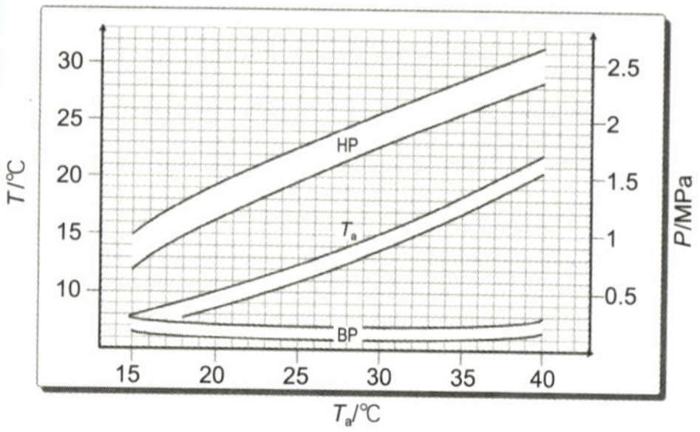

空调系统功能效率图（R134a制冷剂）

主要常见故障见下表。

故障现象	故障原因
不制冷	乘员室吹风不良 进气口过滤器堵塞 膨胀阀损坏 压缩机离合器故障 制冷剂不足 制冷剂过剩 电路故障 制冷管路堵塞 压力控制器故障 恒温器故障 冷凝器吹风故障 冷凝器堵塞 制热故障 制冷管路内有空气 制冷管路内潮湿 制冷管路内油过多

要点：

在维修任何空调系统元件前，需要通过空调检查台架排空管路。给空调管路加注时，建议使用空调检查台架的自动检查功能。某些车型上仅有一个制冷剂加注接头。

空调系统维护操作安全规范 61

本节目标

- ☐ 维修空调时做到遵守安全注意事项
- ☐ 能够正确加注制冷剂

相关工具、资料

- ☐ 技术文件
- ☐ 检查记录
- ☐ 远红外线温度计
- ☐ 加注台

安全注意事项

对于空调的维护，只有获得相应资质的人员才可以操作，并且在操作前应认真阅读使用手册。

① 戴好护目镜和手套。

② 操作过程中不能离车近距离吸烟。

③ 在重新安装了空调系统或断开了空调系统管路后，要对空调系统抽真空，然后重新加注制冷剂。

④ 应在通风良好的环境使用加注设备。

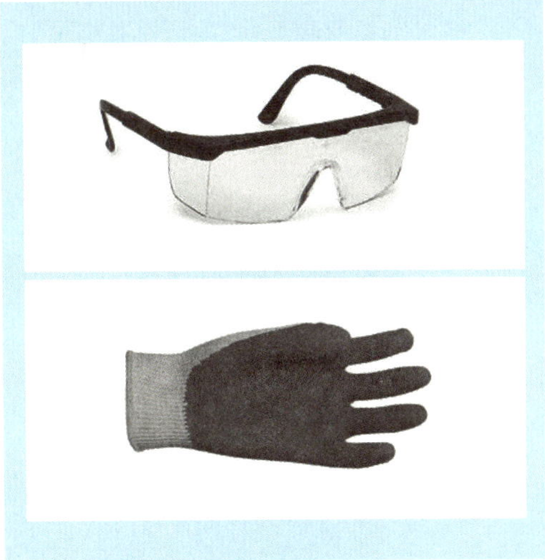

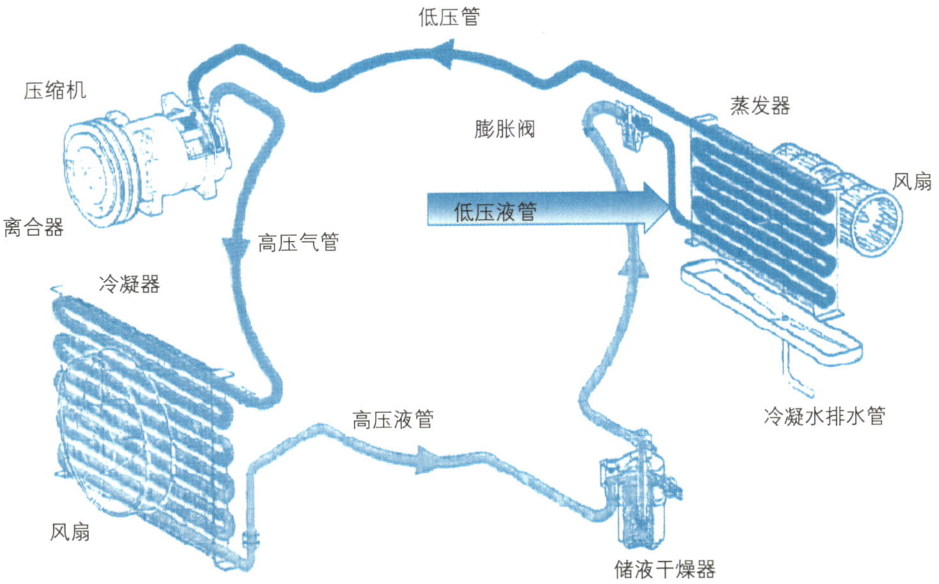

空调系统

⑤ 开始操作前，检查制冷剂的类型（R134或R12）。

⑥ 确保发动机不转动时点火开关不处于连接状态。

⑦ 不要吸入含有大量制冷剂的气体，哪怕很短的时间也不可以，这种气体会引起眩晕，严重时可致命。

▶ R134a制冷剂是不可燃烧的，但是遇见明火或高温物体，气体形式的制冷物可能会发生化学反应，释放出有毒物质，必须避免此类情况。

注：皮肤直接接触R134a是否有健康隐患，目前尚未有定论。但是考虑到R134a的沸点非常低，因此强烈建议进行相关操作前戴上手套和保护镜，防止R134a和皮肤接触，尤其保护好眼睛，否则有冻伤眼睛的风险。

要点：

检修空调系统或进行与制冷剂相关的工作，必须有相关资质证书。

制冷剂

名称	R12	R135a
分类	含氯氟烃	氢氟化烃
应用	严禁泄漏	R12管路转为R134a管路

名称	R413a	R416a
分类	氢氟化烃	氢氯化烃 氟碳化烃
应用	R12管路转为R413a管路	R12管路转为R416a管路

制冷剂对环境的危害

制冷液	说明
R12	破坏臭氧层，加重温室效应
R134a	加重温室效应
R744	加重温室效应
R413a	加重温室效应
R416a	破坏臭氧层，加重温室效应

检查记录表模板

附A

待测零件	设备工具	检查条件	要求值	测得值	结论

车间废弃物的管理

附B

危险类废弃物		
名称	存放	处理方式
排出的油类	废弃油类存放槽内	油再生 运往水泥厂燃烧，可作为燃料再次使用
冷却液、玻璃清洗液	冷却液专用存放桶	–再生或作为能源燃烧
制动液	制动液专用存放桶	–再生或作为能源燃烧
气溶胶	专用箱内	–气体耗尽后回收金属部分
抹布	有油污、脏污的抹布放于油污类垃圾盛放桶内	– 清洗或回收 – 烧掉
碳氢化合物分离器	专用桶	–烧掉 – 物理化学处理
制冷剂	专用瓶	再使用
燃油	专用油桶	再使用
蓄电池	蓄电池盛放箱	粉碎： – 铅回收 – 塑料烧毁 – 处理掉电解液
脏污的包装	油污类包装专用盛放箱	粉碎、烧毁
机油过滤器 柴油过滤器 汽油过滤器	过滤油专用盛放箱	粉碎、离心过滤、压缩 – 油：再利用或烧毁 – 纸：烧毁 – 金属：材料再利用
催化器	专用盛放箱	– 稀有金属部分重新再利用（金、银、锡等） – 陶瓷类材料再利用 – 钢类材料再利用
地面脏污或灰尘吸收剂	吸收剂专用盛放箱	材料再利用或烧毁
非危险类废弃物		
废弃物	存放地点	处理方式
金属件	金属箱子	送至废铁处理厂，再利用
塑料件和橡胶件	金属箱子	再利用或烧毁
轮胎	轮胎存放区域	– 修补翻新 – 材料再利用 – 烧毁
电子电器类废弃物	金属箱	到专置点回收利用或报废
非铁类金属	金属箱	材料再利用
纸和箱子	包装箱	可作为原材料重新使用
风窗玻璃、玻璃	金属箱	熔化后材料重新再利用